中层就该这样干

胡江伟 ◎ 编著

中国纺织出版社有限公司

内容提要

中层管理者是一家企业的中流砥柱,是联系高层管理者与基层员工的桥梁,是执行工作的枢纽,是企业正常运行的润滑剂。然而,做好中层管理者并不简单,你需要转变自己的思维、具备相应的职业素质、拥有具体的工作能力,还要有不断突破自我的决心与行动。只有这样,你才能成为一个与时俱进的优秀中层管理者。本书涵盖了以上所有内容,不仅可以指导刚刚晋升的中层管理者快速进入角色、树立威信、带好团队,还可以系统增强已经晋升为中层的管理者的理论知识,帮助其更好地工作,更快得到能力提升。本书适合企业中层管理者及有意竞争中层管理岗位的人学习、使用。

图书在版编目(CIP)数据

中层就该这样干 / 胡江伟编著. —— 北京:中国纺织出版社有限公司,2024.1
ISBN 978-7-5064-8890-7

Ⅰ.①中… Ⅱ.①胡… Ⅲ.①企业管理 Ⅳ.①F272

中国国家版本馆CIP数据核字(2023)第215163号

责任编辑:曹炳镝　段乙君　李立静　　责任校对:高　涵
责任印制:储志伟

中国纺织出版社有限公司出版发行
地址:北京市朝阳区百子湾东里A407号楼　邮政编码:100124
销售电话:010—67004422　传真:010—87155801
http://www.c-textilep.com
中国纺织出版社天猫旗舰店
官方微博http://weibo.com/2119887771
三河市延风印装有限公司印刷　各地新华书店经销
2024年1月第1版第1次印刷
开本:710×1000　1/16　印张:12
字数:105千字　定价:58.00元

凡购本书,如有缺页、倒页、脱页,由本社图书营销中心调换

序

中层管理者是一家企业的中流砥柱，如果没有优秀的中层管理者，即便高层领导再优秀，也很难将公司管理好。中层管理者起到了上通下达的作用，一方面，传达高层领导的指示；另一方面，团结手下的员工，使整个团队保持和谐、充满战斗力。中层管理者的能力直接关系到公司的团队建设、绩效水平及竞争力。

中层管理者如此重要，但想要做好中层管理工作并不简单。

要做好中层管理工作，我们要先了解中层管理者必备的职业素养，具备一个中层管理者应有的思维和观念。我们要重视十大问题，会用七种方法，坚持六项原则，还要拥有十大能力。

思维和观念正确之后，我们还要在工作中拥有具体的能力，以便我们将工作落到实处。我们要有灵活敏锐的应变力、敢作敢当的承担力、解决问题的沟通力、强将手下无弱兵的培养力、不达目的不罢休的执行力、行之有效的领导力、万众一心的凝聚力、无处不在的影响力和与时俱进的创新力。

最后，向上无止境，卓越是本能。时代在不断发展，社会在不断进步，我们只有保持不断学习的心态，自我反省、自我改进，才能在变强的同时跟上进代的步伐，才能做一个与时俱进的优秀中层管理者。

本书从中层管理者必备的职业素养开始，详细介绍了中层管理在工作中应具备的工作能力及其工作方法，并指出了追求卓越的重要性。对于刚刚晋升为中层管理者的人来说，本书能够指导你快速进入中层管理者的角色，树立威信，带好团队；对于已经在中层管理岗位上的人来说，本书能够让你的知识和理论变得更加系统，让你的能力变得更强，帮助你将工作做得更好，更快得到赏识和晋升。

胡江伟

2023 年 8 月

目录

第1章 中层管理者必备的职业素养

十大问题要中层管理者充分重视 / 2

七大方法让中层管理者强大起来 / 8

六大原则使中层管理者顺利开展工作 / 12

十大能力让中层管理者卓越不凡 / 17

第2章 灵活敏锐的应变力

想领导之所想，做领导之想做 / 26

同事关系处理得好，中层就更容易做 / 30

扮演好四种角色让工作更顺当 / 34

这些误区需要中层管理者充分了解 / 38

角色随机转变，方见中层管理者之功力 / 42

第3章 敢作敢当的承担力

该承担的责任不容推脱 / 48

下属犯错不可置身事外 / 50

大局为重，迎难而上 / 53

别人不做，我们来做 / 56

能承重担，路就越宽 / 59

第4章　解决问题的沟通力

四种心态助力良好沟通 / 64

沟通不畅，可用微笑化解 / 67

真诚赞美，拉近距离 / 70

有效倾听胜过千言万语 / 74

选对沟通方式，让沟通事半功倍 / 77

第5章　强将手下无弱兵的培养力

做好教练，培养人才 / 82

就事论事，拒绝否定 / 85

保持尊重，稳定团队 / 88

保持耐心，欲速则不达 / 91

充分激励，让员工自愿变强 / 95

第6章　不达目的不罢休的执行力

不能执行，一切皆空 / 100

及时行动，不惧失败 / 103

责任心必不可少 / 106

全力出击才能取得成功 / 110

第7章　行之有效的领导力

言出必行 / 114

赏罚分明 / 117

适当授权 / 121

第8章　万众一心的凝聚力

目标是凝聚人心的绝佳武器 / 126

信任和合作是凝聚人心的最佳方法 / 129

忠诚是团队成员的必备素质 / 132

关爱下属是下属产生归属感的重要前提 / 135

第9章　无处不在的影响力

做好自己是具备影响力的前提 / 140

忠诚让你散发光芒 / 144

榜样的力量是无穷的 / 146

让下属感激你的知遇之恩 / 150

第10章　与时俱进的创新力

创新是当今时代的主流 / 154

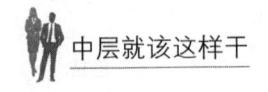

让自己具备创新思维 / 157

充分激发下属的创新力 / 160

让创新成为团队的文化 / 164

第11章 向上无止境，卓越是本能

付出才有成长 / 170

学习让你变得更加强大 / 173

自我反省，自我改进 / 176

向上跨越前所未有的高度，不断变强 / 180

第1章
中层管理者必备的职业素养

职业素养对于任何一个岗位来说都非常重要。我们想要将中层管理工作做好,首先就应该了解中层管理者必备的职业素养。

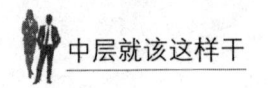

十大问题要中层管理者充分重视

不管是大企业还是小企业,中层管理者都是它的中流砥柱。高层管理者负责把控企业的整体发展方向,而中层管理者负责执行企业的发展计划。中层管理者优秀,这个企业的执行力、竞争力就强,就更容易获得成功;如果中层管理者能力不足,即便企业的高层管理者很厉害,也难以将企业计划执行下去,企业的竞争力也不会太高。

中层管理者是联系高层管理者和基层员工的桥梁,是执行工作的枢纽,是保持企业凝聚力的节点,是企业正常运行的润滑剂。高层管理者制订的计划,需要中层管理者来分散落实,并且监督、指导和帮助基层员工把工作做好。

华为的管理一直非常好,华为创始人任正非对管理有自己独特的见解,他认为应该让"听得见炮声"的人做决策,也就是把管理权限下放,让中层管理者拿主意。中层管理者直接接触下属员工和市场,对员工和市场的感知最为敏锐，而其做出的决策往往是非常符合实际情况的，最后的实施效果也往往是很好的。

华为能够发展得这么好，和任正非重视中层管理者有很大的关系。中层管理者很优秀，能够直接做出决策，而不是先将问题反馈给高层管理者，经允许后再做决策，这样，中间环节就减少了，反应速度就变快了，对市场的把握也就更快速、更精准。

任正非曾说过一个非常经典的词，叫"班长的战争"。他认为，企业在真正拼杀时，就是由中层的一个个"班长"带领的团队在奋战，这些"班长"的能力强了，整体的战斗力就强。华为的这种理念，让它的每一个"战斗小组"都成为精锐部队，让华为战斗力倍增。

中层管理者对企业来说至关重要，那么，具体哪些管理者算是中层管理者呢？其实中层管理者的范畴很宽泛，企业基层员工以上、高层管理者以下的管理者，基本上都可以算作中层管理者，包括见习经理、经理、项目负责人等。当然，具体情况还要根据企业自身的管理结构来判断。

企业的中层管理者大概包括七种类型：第一种是企业中的技术或业务骨干；第二种是忠诚于企业的老员工；第三种是具有管理或领导潜质的员工；第四种是能按照企业领导者的命令行事的员工；第五种是为企

业做出贡献而受到奖励晋升的员工；第六种是在企业陷入危机时被任命的员工；第七种是从普通员工中选拔出来的优秀员工。

不少企业对中层管理者没有给予充分的重视，他们在选拔高层管理者时，会要求竞聘者提供各种证书并具备相应的资质，但对中层管理者的要求往往很少。有时中层管理者没有接受过专门的训练，就直接从基层员工晋升上来。很多时候，他们其实并不能胜任中层管理者的工作，无法做到上通下达。这对企业的影响是很大的。

企业在市场竞争中会遇到各种各样的问题，这些问题的大小不重要，重要的是去解决这些问题。解决问题需要人，有能力的人是解决问题的关键。

中层管理者不是简单地从基层提拔上来就可以了，他们应该有中层管理者必备的能力，还要知道中层管理者容易出现的问题。只有知道容易出现的问题，才可以提前预防、努力避免。简单来说，中层管理者有可能会出现以下十种问题。

1. 思维固化

不少中层管理者是从基层员工中选拔出来的，他们虽然在基层员工的岗位上做得很好，但是在中层管理者的岗位上无法做好。原因并不是他们的能力不足，而是他们的思维是员工的思维，而不是管理者的思维。到了管理者的岗位上，如果他们的思维固化，就会导致工作做不好。中层管理者不能只在意工作内容本身,还要多关注下属本身的特点,有针对性地安排工作。

2. 权责失衡

从基层员工晋升为中层管理者的人,可能对管理者没有太多的概念,只觉得管理者大大小小是个"官",手里有了些权力,就可以对基层员工发号施令。他们知道自己有权力,却没有意识到自己有带领团队变得更强的责任。权责失衡,不但无法将工作做好,而且会引起下属的反感,对开展工作很不利。

3. 不负责任

中层管理者有时对自身责任缺乏认知,在应该负责任时不知道负责,在遇到事情时把责任推给他人,或者把责任归咎于一些客观因素。不负责任的结果就是,自己不但无法找出事情的真正原因,而且无法改正自身的错误,难以成长起来。还有些人认为,做得越多,错得越多,所以干脆少工作、不努力。不负责任对管理者来说是一个重大的问题,要充分重视、及时改正。

4. 执行力弱

获得成功最重要的一个环节就是执行。执行力强,就能够按计划把工作做好;执行力弱,即便前期规划再好,最后也可能等于零。中层管理者可能自身执行力弱,工作比较懒散,也可能对下属的约束力弱,导致整个团队的执行力弱。无论是哪种原因导致的执行力弱，其都会产生不利的影响。

5. 不会带队

虽然中层管理者的技术水平很高，但不一定能够带领出一支强大的团队。会自己做事和会教别人做事，这两者之间还有很大一段距离。中层管理者应该学会带团队，将自己的经验传授给团队成员，让整个团队变得强大，而不是只有自己强大。

6. 缺乏沟通

在工作中如果缺乏沟通，就会导致问题频出，内耗很大，对工作产生不利影响。中层管理者可能与下属缺乏沟通，导致下属遇到问题不愿意反馈，也导致下属的能力迟迟无法提升。中层管理者应该和下属像家人一样亲密，和他们无话不谈，这样才能够带出亲密无间的团队，使团队成员的能力提升。

7. 不懂授权

中层管理者可能觉得自己手中的权力并不大，不需要再继续放权给下属。其实，在工作中有很多地方是需要放权的，小到一个实际工作中的临时选择，大到一个能够影响团队工作的决定，这些可能都需要授权。中层管理者虽然已经很接近市场了，但下属更接近市场。有时候下属需要临时做一些决定，如果中层管理者不授权，难免错失很多机会。

8. 不做计划

要想把工作做好，不能"胡子眉毛一把抓"，要事先做好计划。不少中层管理者对做计划没有正确的认识，在做普通员工时不做计划，做中层管理者之后也不做计划。个人工作不做计划，有时候可以用个人能力来弥补，可带团队不做计划，一般就行不通了。中层管理者不能做好工作计划，会对团队的执行力产生很大影响，所以必须重视计划。

9. 党同伐异

在工作中，管理者一般会有几个下属用得特别"顺手"，于是在不知不觉中和这几个员工形成一个派系。这样一来，团队中和这个派系走得近的人就有好的发展机会，而和这个派系比较疏远的人的机会就较少。中层管理者应该警惕这种情况，不能因为"小圈子"影响了整个团队的风气，使团队缺少合作意识，也埋没了人才。

10. 怕当"坏人"

一般在团队中有"好人"和"坏人"。"好人"就是处处以团队利益为重，对团队贡献大的人，而"坏人"经常不顾团队利益，只维护自身利益。对于"坏人"，中层管理者应该及时发现和批评，不怕去当员工们眼中很严厉的领导。只有这样，才能让团队始终保持良好的风气，持续增强团队的战斗力。

中层管理者是企业的中流砥柱，中层管理者强大了，企业就强大了。

企业不能只是将中层管理者从普通员工中提拔上来，还要教会他们发现自身的问题，及时改正，教会他们如何管理下属和带领团队。作为中层管理者，要知道自己还需要学习，要努力成为一个真正优秀的中层管理者。

七大方法让中层管理者强大起来

对企业而言，中层管理者是否强大，往往决定了这个企业是否强大。中层管理者怎样才能变得强大，这是高层管理者需要考虑的事情，也是中层管理者需要思考的事情。企业强大了，对所有员工都有好处，而中层管理者强大了，对其自身的发展也是极为有利的。

中层管理者想要强大，需要用到七种方法。有了这七种方法，中层管理者在面对工作时，就能做出正确的选择，最终提升业绩，为自己的职业生涯增添更多的光彩。

1. 明确目标

目标是我们前进的方向，有了目标，才能够做到心往一处想，劲往一处使。对于一个团队来讲，目标就更加重要了。如果没有目标，团队成员向不同的方向用力，整个团队就无法朝着明确的方向前进，会导致效率降低。有了目标之后，团队成员才能更好地团结起来，将力量集中到一个点上，爆发出强大的团队力。

中层管理者在安排工作时，首先要明确目标，并将目标作为重点予以讲述，让每一个团队成员都对目标有清晰的认识。对于接下来的具体工作内容，所有人都会清楚地知道自己该怎样做才能和整体的目标相符。目标有了，员工的向心力就有了，他们的主观能动性也会被调动起来，只要是对完成目标有利的事情，即便没有安排，他们自己也会去做。

2. 坚定信念

很多人都相信努力才有结果，这没有错，但是只有努力还不够，信念也非常重要。信念不像努力那样可以直观展现，它是看不见、摸不着的，所以有些人认为它没什么意义。其实，人之所以能够完成艰巨的工作任务，并不只是他努力了，还因为他有坚定的信念。信念和努力缺一不可，我们无法想象，一个认为注定不会成功的人，会真正付出全部的努力去做事。

实际上，很多在工作中不肯踏实努力的人，就是因为信念不够坚定。他们认为这项工作不可能成功，所以就不去努力做了，最后不出意外地失败了，此时他们又会觉得自己有先见之明。真正有信念的人会做出很多别人看起来是"奇迹"的事情，变"不可能"为"可能"。正因为他们信念坚定，认为可以成功，所以才能把事情做成。

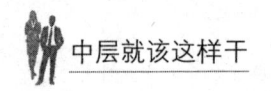

中层管理者作为团队的领导，应该坚定信念。只有管理者的信念坚定了，才可以感染团队成员，让他们也有坚定的信念，即便事情很难，也可以慢慢向目标前进，最终完成任务。

3. 保持积极

在工作中，有的人工作很积极，即便没有给他安排太多的任务，他也会找事情做。有的人工作不积极，给他安排一点工作，他就做一点，做完了就歇着，自己不会找事情做。一般人都会喜欢"眼里有活"、工作积极的人，而中层管理者想要让下属保持积极，应该从自身做起，然后要求下属也保持积极。下属一般会以领导为榜样，他们看到自己的领导那么积极，也会变得积极起来。中层管理者保持积极，会发现下属做事非常积极，团队成员都很勤快，管理的压力会变得很小。

4. 责任到位

在工作中，责任非常重要，中层管理者要有很强的责任意识，把责任归到位。当一件事情做得很好时，要知道这是谁的功劳，把奖励精准到个人；当一件事情做得不好时，要知道主要责任人、次要责任人分别是谁。

中层管理者把责任划分得越细致，下属在工作中越能够负起责任。如果责任划分不细致，让有些人逃避了责任，他们可能就会偷懒耍滑，并逐渐在团队中形成风气，使团队管理变得困难。中层管理者要从责任到位开始，让下属树立责任意识，对工作负责。

5. 关心下属

管理者和下属虽然是领导和被领导的关系，但并不是没有人情味的。人与人之间要有感情，这样才是健康的人际关系，即便在工作中也不例外。中层管理者不能只是命令和要求下属，还要关心下属，让下属不仅把你当作领导，还把你当作知心的朋友。当中层管理者能够真心关心下属时，下属才会将工作中遇到的事情和你说，在工作中遇到困难时也愿意一起承担责任，不会轻易掉链子。管理者对下属重情重义，下属自然也会以情义回报，在工作中格外卖力。

6. 充分信任

员工工作时，最担心的就是领导对自己不信任，这会使他们放不开手脚，处处想着是不是会被误会。工作中，有些机遇稍纵即逝，员工放不开手脚，就可能错失良机，产生影响。中层管理者应该对下属有充分的信任，做到用人不疑。当然，并不是简单粗暴的直接信任，而是在把工作交给员工之前，就充分考虑到他的个人能力能否胜任这项工作，如果能胜任，就让他放手去做，给他足够的信任。中层管理者要学会选人的方法，而选好后就要给他充分的信任。如果没有充分的信任，可以一开始就不选择他。

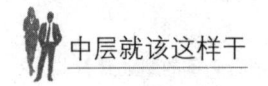

7. 帮助成长

人在工作中要不断成长，这样才能变得更加强大。中层管理者一般比普通员工的能力强很多，所以在工作中应该帮助下属成长。有些人可能不喜欢把自己的技术教给别人，觉得把技术传授给他人，自己就会丢掉饭碗。但对于管理者来讲，不会带团队，那你只能自己在工作中"累到死"。

中层管理者应该帮助下属成长，在这个过程中，自己并非毫无所得，至少获得了带团队的能力。带团队是比个人技术更为高级的一种能力。中层管理者不要担心把技术教给下属会让自己失业，因为你带团队的能力是下属没有的。当帮助下属成长起来，团队更强大后，中层管理者就会更省心，在接到工作任务时也不用担心难以完成。

六大原则使中层管理者顺利开展工作

成功是有方法的，中层管理者要想在管理中取得成功、带出好的团队、做出好的业绩，也需要掌握正确的方法。在管理过程中，中层管理者将以下六大原则作为工作的法则，就能够使工作开展更加顺利。

1. 以组织管理为第一要务

很多中层管理者是从基层员工中提拔上来的,他们在做员工时可能很优秀,凡事会第一时间完成。可是在成为中层管理者之后,职位变了,主要任务也变了。成为中层管理者之后,不应该再事必躬亲。要牢记一条法则,即中层管理者应该以组织管理为第一要务,不是自己把所有工作都做了,而是安排下属完成工作。

中层管理者应该将高层管理者的思想观念和工作任务传达给下属,然后让下属去执行。下属的工作做得好,相当于中层管理者的工作做得好,因为这项工作是你安排给下属的,安排时自然要考虑下属的能力及其成长,这是一项技术活。工作安排好了,既能够锻炼下属的能力,又能够完成领导安排的工作任务,这是很考验中层管理者的能力的。

2. 在管理时保持人情味

很多管理者在管理的过程中十分严肃,脸板起来、语气严厉起来,似乎不这样就不能让下属听话。其实,管理固然要严格,但是如果能够保持人情味,会让下属更愿意接受。每个人都存在爱面子的问题,管理者板起脸来对下属一通说教,会让下属感觉自己很没有面子,有时候甚至觉得自己没有尊严。这样一来,下属会在工作中产生反感,也会因此丧失一大部分主观能动性,这对管理是不利的。

中层管理者不需要表现出高高在上的样子,应该和下属打成一片。

就像韩信带兵时喜欢和士兵吃住在一起一样，中层管理者应该和下属做兄弟姐妹，而不是高他们一等。下属体会到中层管理者的人情味，就会把中层管理者当作朋友，自然更愿意为中层管理者分忧，主动把自己该做的事情做好。这样一来，中层管理者在管理时会非常省力，整个团队的凝聚力也会更强。

3. 保持良好的沟通

在日常生活中，人与人之间的沟通非常重要，一旦沟通不畅，就可能会闹矛盾、出问题。在工作中，保持良好的沟通显得更为重要，因为如果沟通不好，可能会使工作出错，也可能会导致团队中矛盾不断。

中层管理者要和下属成为亲密的朋友，了解下属的想法、能力及其工作中遇到的问题，这些都需要具备良好的沟通能力。中层管理者应该格外重视沟通，时刻和下属保持沟通。当下属习惯了和你沟通时，他们会将问题及时反馈给你，你不但能够更了解工作进度，而且可以及时帮助下属解决问题。这样，团队会更加高效，团队的成长速度也会更快。

4. 帮助下属成长

一名中层管理者最值得骄傲的不是自己的个人能力有多强，而是自己带出了一支多么强大的团队。一方面，带出了强大的团队之后，中层管理者的工作会更加省力；另一方面，强大的团队能够给企业创造更多的价值，这对于整个企业都有很大的好处。强大的团队必然是由强大的员工组成的，而帮助下属成长是中层管理者的责任。

华为在培养人才方面一直都是非常舍得下"血本"的，任正非从来不会在乎在培养人才方面花费的钱。当出现新技术时，华为一般会投资进行研发。研发总是有风险的，其中很多研发其实并不会有最终的结果，而在研发中投入的资金可以说是海量的，动辄千万元甚至上亿元。这么多钱"打水漂"，换作其他领导者可能会感到心疼。但任正非不以为意，他认为即便科研失败了，但参与科研的员工获得了成长，所有的资金消耗都是值得的。

华为是值得很多企业学习的大企业，不只因为它巨大的体量，更因为它的企业文化中包含了很多正确的思想。在帮助下属成长这方面，任正非的思想观念非常正确。在培养人才时，他很舍得下本钱。中层管理者虽然做不到像他那样投入大量的资金来培养人才，但是可以手把手教自己的下属，帮助下属成长。

一个会帮助下属成长的中层管理者，就像是一个火种，能够点燃一支支火把，让自己的团队之火变得越来越旺盛。当团队变成了熊熊烈焰时，它的战斗力就爆表了。

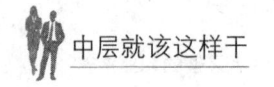

5. 一切按计划行事

在工作中，凡事要有计划，特别是对团队工作而言。中层管理者应该记住一项法则，就是一切按计划行事。当一项工作任务安排下来时，中层管理者先要根据团队的情况，制订合理的、可执行的工作计划，然后把工作分别安排给自己的下属。

在具体的工作中，工作内容和工作进度都应该按照计划进行，这样就可以保证工作按时按质完成。如果在工作过程中出现了问题，比如拖延、不能保证工作质量等，要第一时间发现并解决，以使其对整体工作的影响降到最低。

如果中层管理者能够管理好自己的下属，让一切按照计划行事，说明他的管理工作做得相当好。因为每个人都有惰性，在工作中难免出现一些纰漏。能够按照计划行事，就是对团队如臂使指，同时也是中层管理者时刻警觉，将工作中的问题及时纠正和解决的表现。

6. 对自己更加严格

有的管理者对下属很严格，但下属对他的命令不以为然，甚至还有怨言。有的管理者对下属很严格，下属却不会反感，反而规规矩矩按照他的安排去做事。让下属听话的奥妙就在于，对下属严格，对自己更严格。

中层管理者对下属很严格，对自己却很宽松，下属就会觉得不公平，不愿意听他的话。相反，中层管理者对自己很严格，要求下属做到的，首先自己做到，并且做得更好，下属就会很服气，主动听命去做事。

管理者要严于律己，给下属做出榜样。这样一来，无论是管理者还是普通员工，大家都受到同样严格的约束，下属就不会觉得不公平，自然就会愿意服从管理。

十大能力让中层管理者卓越不凡

中层管理者是企业的中流砥柱，在企业中起着十分重要的作用。中层管理者强大，企业就强大。中层管理者要有变强的自觉，让自己变强就是对提拔自己的高层领导负责。同时，这也算是为企业更多地做贡献，因为一名工作能力强的中层管理者能够带出高素质的团队，并对企业内部的风气产生潜移默化的影响。

中层管理者要卓越不凡，应该具备十大能力，这些能力可以让中层管理者在工作中如鱼得水，做得比别人更好。

那么，十大能力具体是什么呢？

1. 随机应变的能力

在工作中，虽然任务是确定的，但是我们在具体工作时可能遇到各种各样的情况。当出现我们意想不到的情况时，就会对工作进度产生影响。中层管理者应该具备随机应变的能力，在遇到问题时能够尽快解决，这样才能够提升团队的执行力，让团队的工作效率更高，工作做得更好。

2. 承担责任的能力

在工作中，能力固然重要，但承担责任的能力有时候更为重要。一个中层管理者应该有承担责任的能力，如果自己的下属犯了错误，首先应该维护下属，自己把责任承担下来，然后内部解决问题。这样"护短"的管理者会得到团队成员的拥护，他们也更愿意追随管理者，这样就可以上下一心，即便有了错误也能及时补救和挽回。

有的管理者缺乏承担责任的能力，一出现问题就把责任推给自己的下属。这样的管理者很难得到下属的认同，下属也不愿意在他的管理下卖力工作。因为一般他不仅会将责任推给下属，还会将功劳独占，使下属心灰意冷。

3. 沟通的能力

良好的沟通能力对做好中层管理者很重要，而沟通的技能不是一天两天练成的，它需要管理者平时注意自己的说话和措辞。平时在和下属说话时如果能够保持良好的气氛，在说工作的问题时也就能够保持良好的氛围，只要按照平时的那种状态去沟通就好了。

中层管理者需要注意的沟通技巧，就是将自己放在与下属平等的位置上，不能居高临下。当下属感觉到他和你是平等的，他不仅愿意和你沟通，还能够把自己的想法完完全全地告诉你，那么沟通就很容易进行下去了。

4. 培养的能力

中层管理者应该像教练一样指导自己的下属，教导员工从普通变得优秀。优秀的教导能力不是天生的，是通过学习和实践得来的。中层管理者虽然对工作十分了解，工作能力也很强，但并不表示他们能将这种能力传递给自己的下属。中层管理者应该根据下属不同的能力和性格等情况，对他们进行个性化的教导，帮助他们更快地成长起来。不可以千篇一律地使用同一种教导方法，那样无法达到很好的效果，反而可能因为教导方法和员工性格冲突，导致出现问题。

有人说一个优秀的中层管理者应该像一个教练，他们要像带徒弟一样带自己的下属，将下属从一个刚入职的"小白"带成一个高手。中层管理者大多是从基层员工升上来的，对工作的了解和熟悉程度一般是没问题的，但对下属的熟悉还需要一个过程。

有的中层管理者会对下属的"无知"很着急，也可能会觉得下属太笨了，很简单的事情都做不好，而且有的事说好几遍他们都记不住。其实不是下属笨，而是我们自己对工作内容太熟悉了，所以觉得简单，而对他们来说可能很难。想想我们刚入职的时候，可能和他们一样，很多事情都不懂，也是学了好多遍才学会。

中层管理者要充分了解下属，按照他们的具体情况，合理地引导他们。并且要给他们时间去成长，不要过分苛责，也不要因为他们学得慢就着急和责怪。春风化雨式的教导更容易让下属充满积极性，也能让他们更快成长起来。如果总是责备，他们的积极性会受到打击，反而成长得慢了。如果遇到脾气大的员工，直接撂挑子不干了，更会给整个团队带来不利影响。

5. 执行的能力

分配工作的过程是很考验中层管理者的能力的，分得好皆大欢喜，工作效率会很高，分得不好，可能引起员工不满，或者员工的能力和自己的工作任务不匹配，导致工作效率不高。

要想合理地分配工作，中层管理者应该充分考虑到工作的内容和员工的个人能力，想到很多细节问题，就像制订工作计划一样认真。分配好了，事半功倍，分配不好，事倍功半，所以马虎不得。

对于一个团队来说，执行力就是战斗力，其他说得再好都没有用，最后要看的是结果，要靠的是执行力。一个中层管理者要具有执行的能力，要让下属能够将工作任务执行到位，按时、按量、按质完成交给他们的工作任务。

确保执行力的方法主要是勤检查，时刻关注下属的工作进度。管理者虽然自己不用做太多具体的工作内容，但也不是无事可做，要时刻关注下属的工作进度，及时发现工作中的问题。进行帮助和指导，以确保工作顺利进行。这样一来，员工的工作效率就会提升，执行力也就有保证了。

6. 领导的能力

员工一般不愿意跟着一个没有能力的领导，只有我们自己变强、变优秀，员工才会信服，才会愿意跟在我们身后，服从我们的领导。

管理者自己不可能把所有的工作做完，也不应该把工作都揽到自己头上。中层管理者应把具体的工作分配给合适的下属，并根据员工的能力及工作的内容对其进行授权，给予其充分的活动空间。在授权之后，中层管理者要对其保持监督，一方面，检查其工作进度和工作质量，控制整个工作的完成进度；另一方面，根据其工作表现进行奖赏和处罚，让有功者得其赏，有过者受其罚。只有这样，员工才能心服口服，才能从心底服从我们的管理。

7. 保持团结的能力

几乎每一个团队都会遇到问题。问题出现的时候，就是团队成员离心力比较大的时候。团队成员可能因为问题出现推诿责任、口角争执、冤枉一些人的情况，这时候，中层管理者要能够明辨是非，并且从中调节，让每个人都能不感到委屈。这样可以使整个团队变得更加和谐，更

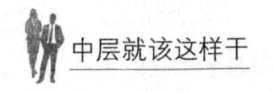

加团结。问题的出现是对团队的考验，解决问题之后，彼此的信任和默契度都会提升，团队就会变得更加团结。中层管理者既是解决问题的关键，也是保持团队和谐的关键，这也是中层管理者能力的体现。

8. 影响下属的能力

一般来说，管理者都会对自己的下属产生影响，而影响力的大小，则是管理者能力大小的一种体现。一个优秀的中层管理者，应该有很强的影响力，能够用自己的人格魅力吸引下属，用自己的行为影响下属，用自己的正能量感染下属。团队精神往往是管理者精神的体现，而中层管理者的影响力越强，就越能够使整个团队整齐划一、团结一致。

9. 创新的能力

创新是这个时代的主流。作为中层管理者，我们要让自己有创新思维，习惯站在不同的角度看待问题，让自己的思维活跃起来。

作为中层管理者，我们不仅要让自己有创新思维，还要让下属具有创新思维。一般来说，他们是直接接触基层工作的那群人，也是和用户接触最多的那群人，他们更知道用户痛点在哪里。所以，作为中层管理者，我们要激发他们的创新能力，并对有创新的员工进行鼓励和奖赏，在团队中形成一种创新的风气。

10. 不断进步的能力

我们生活在一个高速发展的时代，移动互联网让我们时刻接触新鲜事物。管理也在不断与时俱进，变得越来越扁平化，越来越直接。中层管理者应该具备不断进步的能力，在时代快速发展的背景下，能够把握时代脉搏，与时俱进，既保持自身的先进性，又保持管理方法的先进性。这样的管理更符合下属的期待，也符合新员工的特点。比如，在"90后"员工入职时，有相应的管理方法；在"00后"员工入职时，也有相应的管理方法。不是因为他们本身有多么大的不同，毕竟入职时大家都是年轻人，差别不是很大，差别大的是时代。中层管理者要时刻跟随时代步伐，更新自己的管理方法。

第2章
灵活敏锐的应变力

在工作中,中层管理者会遇到各种各样的情况,有时候根本来不及多考虑,要迅速反应,马上行动起来。因此,灵活敏锐的应变力非常重要。

想领导之所想，做领导之想做

中层管理者和普通员工有很大的不同，他需要了解普通员工的需求，帮助他们解决问题，同时也需要了解领导的需求，把领导想做的事情做好，让公司变得越来越好。领导有时候只是给员工们提供一个平台，让员工们有施展自己才华的地方，然后为整个公司制定总体的发展方向。至于一项任务怎么安排、一项工作怎么去做，都需要中层管理者来完成。因此，中层管理者是公司的中流砥柱，需要把领导的想法贯彻落实。

中层管理者就像一员大将，在接受领导的任命后，就要带领手下的普通员工去和其他公司拼杀，去残酷的市场上进行试炼。中层管理者的主要能力之一就是充分了解领导的意图，完成符合领导预期的任务，甚至是做出超出领导预期的事。

一个公司的结构一般可以分成决策层、执行层、操作层三个层次。这样来看，领导处于决策层，中层管理者处于执行层，普通员工处于操作层。如果单纯这样分类，就有点小看中层管理者了，中层管理者也是需要进行决策的。

正所谓"将在外，君命有所不受"，虽然管理公司不是打仗，但有时候，中层管理者需要面对直接做决策的情况。若时间紧急，来不及向领导请示，中层管理者要根据领导规划的整体发展方向做出正确的决策，最终达到领导制定的目标。任正非经常说，要让"听得见炮声的人做决策"，其实就是让中层管理者甚至普通员工做决策，因为他们对实际情况的了解程度，有时候比领导要高。中层管理者如果只将自己定位在执行层，其格局就小了。中层管理者要充分了解领导的意图，想领导之所想，以便在需要做决策时能够迅速地做出正确的决策。

不想当将军的士兵不是好士兵，不能想领导之所想、不能做出正确决策的中层管理者，也不能算是一个好的中层管理者。中层管理者处于高层领导和普通员工之间，需要发挥上通下达的作用，他们在普通员工眼中，有时就是领导的化身，是为领导代言、替领导传达工作任务的。因此，中层管理者要将自己想象成领导，多站在领导的角度思考问题。

某连锁酒店的中层管理者负责一个区域的工作。由于他平时只是按照领导说的去做，没有充分发挥自己的才能，将领导预期的目标和自己所负责区域的实际情况结合起来，做出超乎预期的成绩，所以，他负责的这片区域的酒店业绩一直不是很好，属于中等水平。

一般情况下，这样的业绩不好也不坏，不会在公司中特别显眼。但由于行业不太景气，导致酒店的业绩下滑比较严重，该中层管理者也由于业绩不好，被领导找去谈话。领导表示以后只给他们提供一个整体的方向，具体怎么提升业绩，需要中层管理者自己去思考。只要能够在行业不景气的情况下存活下来，并且有更好的业绩，就是成功。

听了领导的话之后，该中层管理者才恍然大悟，虽然自己平时在认真地执行领导的命令，但是没有发挥自己的主观能动性，也没有充分结合区域的实际情况，所以业绩不好，自己是有很大责任的。想通之后，他立即开始对自己这片区域的酒店进行调整，首先，根据酒店的经营状况，调整了服务人员的数量，解决了服务人员太多的问题。其次，在酒店推出很多优惠活动，来吸引顾客入住。最后，要求前台员工在每位顾客住店结束时，认真询问顾客的意见。如果顾客对酒店的服务满意，要问清有哪些地方做得好；如果顾客对酒店的服务不满意，要问清有哪些地方做得不好。

经过这位中层管理者的一番操作之后，酒店的业绩果然有所改善，他因此受到了领导的表扬，还将自己的经验传授给酒店的其他中层管理者。

公司的业绩不好，有的中层管理者觉得不关自己的事，是领导无能，是领导的决策有问题。其实，更多情况下，公司是在中层管理者手中运行的，如果公司的业绩不好，领导固然有责任，但中层管理者的责任也不小，甚至更大。领导不可能事无巨细地管理公司，在执行任务时遇到的具体问题，需要中层管理者随机应变地解决掉。中层管理者明确自己的责任，把自己当成普通员工的领导，想领导之所想，做领导之想做，将领导交给的任务完成好，给公司积攒正能量，那么，公司的整体情况就会更好。

领导负责制定公司的整体战略方向，而中层管理者负责将领导的战略意图转化为具体的实施计划，并组织员工实施这些计划。在这个过程中，中层管理者的工作态度会影响普通员工，中层管理者对领导意图的把控，也会影响工作的具体走向。因此，中层管理者要高度认识自己的责任，不能把自己当作普通员工，不能只是机械地执行领导的命令，要把自己当成领导，充分发挥自己的才能，要根据实际情况灵活调整计划，解决实践中遇到的问题，从而带领下属更好地完成工作。

中层管理者充分理解领导的意图，并努力贯彻落实，这样公司就会成为一个坚实的整体。员工看到这种上下一心的管理方式，也会被鼓舞，并充分团结起来。这样的公司有很强的执行力和战斗力，发展得会更好。

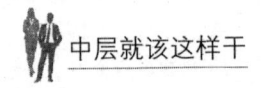

同事关系处理得好，中层就更容易做

做中层管理者不是单打独斗，虽然可能每个中层管理者都有自己的一片小地盘，但很多时候还需要和其他中层管理者合作。如果合作过程中需要领导处处来安排，就缺乏灵活性，难以提升合作效率。平时和自己的同事处理好关系，在需要合作时，只要向领导汇报一声，其他具体的细节自己商议解决，这样的合作方式会更好，而且能够及时解决合作中的各种问题。

中层管理者和同事处理好关系，更容易开展工作，整个公司也会更像一个整体。这就像一个人有四肢，需要协调工作。和同事的关系处理得好，就如同关节处有软骨组织，活动起来很灵活。而和同事的关系处理得不好，就像是关节处出了问题，行动变得迟缓和不便。

中层管理者要管好自己手下的员工，让自己管理的区域整体氛围很好，充满工作积极性。但是，中层管理者无法保证自己管理之外的区域也这么好。那么，对于其他中层管理者是敬而远之，还是提供力所能及的帮助，这就能看出一名中层管理者的管理理念了。好的中层管理者不仅要管理好自己负责的内容，还要兼顾公司的整体利益。如果一名中层管理者看到其他中层管理者遇到问题，应该给他们提供一些帮助，或者给出一些合理的建议，不能不闻不问，保持冷漠的态度。要知道，公司的任何一环出了问题，波及的都是这个整体。

平时其他中层管理者出了问题，如果你都能够热心地提供帮助或给出建议，当你遇到麻烦的时候，他们也不会袖手旁观。这样，不但你遇到问题时能够有更大的概率获得援助，而不是遭遇冷嘲热讽，而且你在这一来二去中，和其他中层管理者的关系会变得越来越好。有人说，想要和一个人变得亲近，就去麻烦他帮你做一些事，慢慢地，两人的关系就更亲近了。人与人之间的关系并非如此简单，但有互动总比没有互动要好一些。中层管理者对同事经常伸出援手，并且也得到同事的帮忙，这样的关系自然比相互不闻不问要好得多。

小张是某名牌大学的毕业生，毕业之后便进入某公司任职，一直勤勤恳恳，直到升职为中层管理者。小张的个人工作能力确实很强，但是在工作中很少和同事互动，一般习惯单打独斗。在做普通员工的时候，这样并没有太大的影响，他的工作也确实没有太多和同事互动的地方。但是，当上中层管理者之后，他的部门有时候要和其他部门合作，但他协调不好彼此的关系，经常在工作中出现问题，与其他部门摩擦不断。

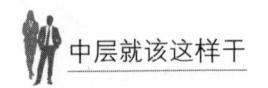

领导看小张升职之后工作屡屡受挫，就找他谈话。一番询问，才知道他现在也是一肚子委屈，总觉得同事们在针对他，和他合作时总是各种问题接连不断，让他不胜其烦。领导知道他平时单打独斗惯了，和同事的关系没那么好，所以才遇到这样的情况。于是耐心开导他，告诉他工作不只是他一个人的事情，是整个公司的事情。他应该和同事搞好关系，这样合作起来才更加顺畅，能够减少内耗，有利于工作顺利完成。小张争辩说自己工作能力强，他们都比不上自己，所以羡慕嫉妒。领导立即批评了他的这种想法，因为即便一个人的工作能力再强，如果没有合适的平台，他的能力也很难发挥出来。不能因为个人能力强，就忽视了同事提供的帮助，忽视了整个公司、整个团队的作用。

在领导的引导下，小张终于认识到了自己的错误。在接下来的工作中，他主动和其他中层管理者搞好关系，也把自己工作中一些好的经验分享给同事，不再是一副高高在上的姿态。大家对小张的改变感到很惊奇，也很快接纳了他。在接下来的各种合作中，大家和小张的部门合作很愉快，连手下的员工们也一致认为，在小张的领导下，他们的工作更轻松了。

工作不是一个人的单打独斗，它是一个团队整体的事情。例子中的小张在做普通员工时习惯了自己做事，和周围的同事缺乏互动，而在成为中层管理者之后，继续持有这种工作态度，对其工作产生了很大的影响。中层管理者不仅要做好自己的工作，还要处理好和同事的关系，在需要协同工作时，做好协调工作，使手下的员工能够更好地发挥他们的能力，而不是让内耗来消磨员工的激情。

处理好中层管理者之间的关系，等于将公司的力量真正凝聚起来，给员工提供了更好的工作平台。员工不必担心各部门之间的明争暗斗，也不必担心自己的工作会因为需要跨部门合作而受阻。这样，员工也能够在具体的工作中获得更大的信心，将全部的精力用在解决问题上，充分发挥他们的能力。

一个好的公司，其整体是积极的，内耗也很少。这需要每一名中层管理者努力，把各部门之间的关系处理好。公司如果在外部遇到危险，能够通过积极努力攻克难关；如果内部不和谐，就很难调整好，甚至可能长期存在下去，这会是管理者一直存在的暗伤，不知道什么时候就会爆发出危机。

中层管理者和同事处理好关系，不但自己的工作能更好地开展，而且有利于公司的团结和发展。员工可以将心思全部放在工作上，领导不用整天为协调中层管理者之间的关系而烦忧，中层管理者也不需要为明争暗斗而费神，整个公司的状态就是积极向上的。这样的公司会发展得更好，这样的中层管理者也是公司的宝贵财富。

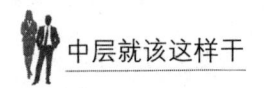

扮演好四种角色让工作更顺当

中层管理者对于一个公司来讲非常重要,他们不仅要做好自己的工作,还要扮演好四种角色,即管理者角色、维护规则的角色、领导者角色、朋友角色。在不同的情况下扮演不同的角色,才能使工作更顺当。中层管理者如果没有这种观念,没有扮演好角色,可能会在工作中遇到很大的阻碍,甚至无法将工作进行下去。

1. 扮演好管理者的角色,对手下的员工进行管理

中层管理者对自己手下的员工进行管理,是他们分内的事情,也是他们工作的重中之重。中层管理者不是普通员工,很多时候不需要亲自动手去做一项工作,但需要管理手下的员工,把工作安排给适合这项工作的人。在知道谁适合这项工作的同时,中层管理者还要检查工作进度,督促员工更快、更好地完成工作。

对员工的管理当然不只是把工作安排下去,只知道把工作安排给谁做还远远不够。中层管理者要代替领导,直接和普通员工对接,要及时发现员工的问题,并协助他们把问题解决。如果员工心态不好,中层管

理者要及时开导，让他们时刻保持积极的心态。员工在工作中遇到重大困难时，中层管理者要鼓舞其士气，保证团队一直有高昂的工作激情。

中层管理者不仅是普通员工工作中的直接领导者，还是他们可以依靠的坚实助力和心灵导师。真正要做好管理，扮演好管理者的角色，中层管理者要像带孩子一样，面面俱到。这样说虽然有些夸张，但要想带好员工，就要有这样的观念。如果真能够做到这样，那员工怎么会不全力工作、用优秀的业绩回报你的期盼呢？

2. 扮演好维护规则的角色，对违反规则的员工进行处罚

如果中层管理者对员工只有赏而没有罚，那么其对员工就不会有太强的约束力。只知道对员工赏，而不对有错误的、违反规则的员工进行处罚，这样的中层管理者是不合格的。如果不对违反规则的员工进行处罚，那么公司的制度和规则就会形同虚设，可能日后不遵守规则的员工会越来越多，导致公司的管理或者至少中层管理者负责的区域的管理出现问题。另外，即便其他员工没有一起违反规则，他们的内心也会觉得管理者不公平，遇到有人违反规则却不处罚，心中愤愤不平，对管理者便不再那么信任了。这对于管理是极为不利的，要引起重视。

赏罚分明的中层管理者才是好的中层管理者。中层管理者大可不必担心因为处罚而引起员工的反感，从而不愿意对员工进行处罚。只要员工是真的犯了错误，违反了规则，且处罚是合情合理的，员工就不会因此产生反感。即便真的有反感，也是被处罚的员工自己没想通，其需要的是正确引导，而不是放弃处罚。

当然，中层管理者还需要注意处罚的力度，达到处罚的效果就够了，不应该处罚过重。如果处罚过重，让员工无法承受，那么就有违初衷，达不到让员工引以为戒的目的，反而压垮了员工，这就是不对的了。

3. 扮演好领导者的角色，对整体的方向精准把控

上层领导为整个公司规划未来，提供整体的发展方向，而中层管理者则要对自己负责的区域负责，把握管理区域的方向。

中层管理者虽然不是上层领导，但也要做好领导者的角色，不能凡事亲力亲为，要让自己闲下来，把工作更多地交给手下的员工去做。事必躬亲的领导不一定是好领导，事必躬亲的中层也很难做好中层管理的工作。作为一个领导者，中层需要培养手下的员工，而不是凡事自己动手。把控管辖区域的方向，做好员工的领导者，这才是中层管理者的主要任务。

4. 扮演好朋友的角色，像朋友一样和手下员工打成一片

一个中层管理者如果总是端着架子，在员工面前很有威严，这样的中层管理者可能不太容易把工作做好。上层领导和普通员工之间有距离感没有问题，但作为中层管理者，如果也和手下员工有很大的距离感，就很难直接领导他们了。

中层管理者不仅要做员工的领导，也要做他们的朋友。这样，他们有什么话都和你说，有什么想法你都知道，有什么困难你都了解。而这样你才能更好地帮助他们，让他们工作更顺心，让他们的工作能力成长得更快。

小李最近在工作中总是一副心不在焉的样子，工作效率和平时相比有明显下降，一连好几天都是这样。部门经理看小李这个样子，便在中午吃饭的时候，在公司的食堂和小李谈了谈，询问他是什么情况，怎么突然工作不积极了。为了不让李有压力，就说只是闲聊，有什么事都可以说。

经理平时和手下的员工相处得都很好，不少人把他当成朋友。所以他这么一问，小李就把自己的问题说了出来。原来，小李最近和自己团队的小张关系突然变得很不好，导致工作很不顺利。经理认为这件事看起来虽然不大，但对于工作却很重要，要把小张叫过来一起聊一聊。小李却担心小张会认为他向经理打小报告。以后的关系变得更僵。经理觉得小张的担忧也有道理，于是说今天下班以后，和他们一起吃晚饭，在吃饭的时候把问题说一说，就像朋友那样，不会搞得太紧张。

下班以后，三人来到一家餐馆吃饭。小张见经理请他们吃饭，有些受宠若惊。经理说："咱们三个人像朋友一样聊一聊，别太拘束，有什么

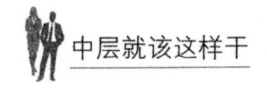

事情说清楚,同事之间闹矛盾可不好。"小张见经理这么关心自己,心里非常感动,把和小李闹矛盾的具体原因说了一下。原来是在一次工作中,小张觉得小李抢了他的功劳。小李当着经理的面,把那份工作从头到尾分析了一下,表示当时的大部分工作是由自己完成的,所以并不算抢功。小张这才知道是误会了小李,想明白了之后,心中也就释怀了。

经过经理和他们的这次像朋友一样的聊天,小李和小张的关系不再紧张了。小李也很快从不好的工作状态中脱离了出来,并且比以前更有干劲儿了。

在工作中扮演好四种角色,中层管理者就能够把工作做得更好,也更受员工的拥护和爱戴。

这些误区需要中层管理者充分了解

成为一个优秀的中层管理者,要尽量避免在工作中犯错,所以有一些误区需要中层管理者充分了解。如果能够减少犯错,那么在通往优秀的道路上就少了很多阻碍,这对于工作的顺利开展是很有利的。

那么,中层管理者一般容易进入哪些误区呢?

1. 处处讨好自己的员工

有的中层管理者因为自身能力不足，担心员工对自己不满，所以处处讨好他们。殊不知，这样不仅无法得到员工的尊重，还会让他们误以为你很好欺负。这样一来，员工可能对你越来越不尊重，甚至对你的管理也不再听从。在这个基础上想要做好管理工作，就十分困难了。

对员工好可以，但不能是讨好。对员工的好要符合公司制定的规则，不能迁就员工。当员工做得好了，该赏就赏，而且要按照规定赏，不能赏得过多。讨好式的奖赏不但无法让受到奖赏的员工感激你，而且会令其他员工不满。因为对于受到奖赏的员工，他们会觉得这是自己应得的奖励；而对于其他员工，他们则觉得奖励太多了，心里不服气。

处罚更不可以略过或轻描淡写、一带而过。不然大家看到处罚没有力度，将不再听从管理，从而触犯规则和制度，这样你将无法掌控局面，也无法对他们进行管理。

尊重从来不是靠讨好得来的。作为一个中层管理者，做事要有自己的原则。如果能力不尽如人意，也没有太大的关系，只要你是有原则的，依旧会得到员工的尊重。再者说，中层管理者的能力主要是管理，而不是像普通员工那样直接做事，能够管理好员工就说明能力合格，并不需要把自己看得太轻，也不需要去讨好手下的员工。

2. 对手下员工不闻不问

和讨好员工相对的，是对员工不闻不问。讨好员工可能是因为中层管理者对自己的能力不自信，希望用讨好来让员工对自己满意和尊重。而对员工不闻不问，则可能是因为中层管理者对自己的能力非常自信，只沉迷于做自己的事，对员工漠不关心。

刘经理的工作能力非常强，所以他很快就被领导提升为部门经理，可在当上经理之后，他的工作方式基本上没有改变。除了搬到经理办公室，他还是每天埋头工作，对其他人不闻不问。

刚开始，员工还没有说什么，以为他还没习惯当经理，过两天就好了。可是一连过了一周，刘经理还是每天忙自己的事，除了偶尔安排一下工作，对员工基本没有什么话说。这让员工有点受不了，开始抱怨刘经理什么都不管，有人甚至向上级领导表示想去别的部门工作。

在上级领导找过刘经理之后，他才反应过来，原来这些员工对自己很不满。他连忙表示以后大家工作中遇到什么问题，尽管来问，而且平时也会注意他们的工作，并给他们提供必要的帮助。这才让大家对他不那么反感了，也压制住了一些人想要去其他部门的想法。过了一阵子，刘经理适应了部门经理的工作，他一改往日的工作风格，不再总是坐在自己的办公桌前，而是经常到员工的办公室转转，在他们遇到问题时及时帮他们解决，受到了员工的喜爱，工作也开展得更顺利了。

对员工不闻不问的中层管理者，很难带好团队。案例中的刘经理虽然个人工作能力很强，但只是埋头做自己的事情，不管手下员工，便无法让员工们满意，整个团队可能就垮了。作为中层管理者，不要陷入这样的误区，要多关心员工，多了解他们的情况，在他们遇到问题时及时给予帮助。

3. 对手下员工趾高气昂

有的人喜欢那种高高在上的感觉，面对手下的员工，就想表现得神气，就想以权压人。但中层管理者要依靠手下的员工，才能做出成绩。如果对员工一副高高在上的样子，员工虽然嘴上不说，但心里会很不满，对这样的管理者，他们不会真正爱戴。而且，他们会觉得自己不被尊重，继而可能在工作时没有那么认真，从而影响团队的战斗力和业绩。

中层管理者本来就是和员工在一起的，平时不要把自己当成领导，而要把自己当成一个普通员工。中层管理者对手下的员工要保持平级的那种礼貌，只有在安排任务等特定时刻，才用领导的身份，只有这样才能融入他们、更好地带领他们。

4. 与领导为敌

有的中层管理者对员工并不趾高气昂，但是走向了另一种极端，就是站在普通员工当中，与领导为敌。有的时候，领导可能对基层员工的情况了解有误，会制定一些不太合理的制度或安排一些不太合理的工作。这时，中层管理者不应该站在员工的角度去和领导为敌，去抵制新的制度或工作安排，而应站在领导的角度去分析问题，为领导提供更合理的解决方案。

中层管理者不是和领导唱对台戏的，而是要弥补领导对基层了解不足的缺陷，当领导的眼睛和耳朵，帮领导将工作做得更好。和领导为敌，不但违背了做中层管理者的初衷，而且对管理好公司没有一点好处。一个优秀的中层管理者，是站在领导角度想问题的人，也是领导和普通员工之间的连接者。

中层管理者要避免进入管理的误区，如果进入了误区，则要及时发现，并快速走出误区。这样的中层管理者将会是一个非常优秀的中层管理者，同时也是领导信任、员工喜爱的中层管理者。

角色随机转变，方见中层管理者之功力

中层管理者一般是从普通员工中提升上来的，中层管理者只有完成从普通员工到管理者的角色转变，才能把管理工作做好。而作为一个中

层管理者，随机转变角色的能力是十分重要的，它能够窥见中层管理者的功力。一个能够不断转变角色，并把每一种角色做好的中层管理者，是非常优秀的。

要做好角色的随机转变，中层管理者首先要对自己的角色定位有清楚的认知。当有了正确的认知之后，角色的转变才会成为可能。

当一个人还是一名普通员工时，做好自己手上的工作基本就可以了。而从普通员工变为中层管理者之后，工作的重心会从做好手上的工作，转移到组织好工作、带领好团队这方面。尽管职位一升，中层管理者立刻就可以从普通员工的办公室搬到管理者的办公室，但认知和心态的转变却需要一个过程。一个人如果能够快速完成这种内心的转变，他就可以更快地做好管理工作，因为这是一种非常强的学习能力和适应能力。

不少中层管理者，在刚刚从普通员工转变成中层管理者时，会很不适应，有的人甚至长时间无法完成这种转变。这就是适应能力弱、没有快速转变角色的表现，需要其自己加强这方面的学习和训练。此时，其应该多关心一下公司整体的发展方向和行业整体的情况，多从领导的角度出发看待问题。这样一来，不但自己的知识储备变得更多，思维方式和各种观念也会在潜移默化中改变，看问题也会更有高度。

当你达到一定高度之后，你就可以胜任更多的工作。就像一个高层领导，只要他不是混日子的人，他下到基层的管理者位置，依旧可以把

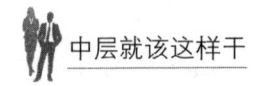

工作做好。而一个基层管理者，如果让他去做高层管理的工作，他可能完全不知所措。原因就是基层管理者的高度不够，对很多事情不了解，思维和观念也没有达到高层的水平。如果中层管理者一直对自己有更高的要求，知识储备和眼光的高度足以和高层领导媲美，那么在角色转变时，他就能做到得心应手、游刃有余。

当然，思维和观念的转变往往不是很快能完成的，这需要在转变身份时，有意识地去转变。人在什么角色的位置，就要以什么样的思维和观念来思考问题。

一位父亲教孩子搬动大石头，告诉他如果一块石头很大，他无法挪动时，可以使用一根棍子，依据杠杆原理，把石头挪开。在孩子学会使用杠杆之后，父亲带他来到一块更大的石头面前，要孩子去挪开它。

孩子使用杠杆，却无法挪动那块大石头，因为它实在太大了。孩子又尝试了各种办法，依旧无法挪动石头。就在孩子垂头丧气，表示自己无能为力时，父亲告诉他，你还可以让我帮忙，我就站在这里，你为什么不让我帮你呢？孩子这才懂了，原来他可以依靠别人的力量来完成一些事情。

在这个故事中，父亲一开始教给孩子的是技巧，然后教给孩子的是思维和观念。这和工作中的角色转变差不多,如果你是一个普通员工,你完全可以依靠自己的力量或者技巧,把工作做好。但如果你是一位中层管理者,只靠自己的力量很难把工作做好,此时,你需要带团队,并借助团队的这种"外部"力量去做事。

角色转变的能力不只在从普通员工转变到中层管理者时使用,在工作中,随时都会用到它,所以才说它是中层管理者功力的体现。

在带领团队、给手下员工布置工作任务时,中层管理者的角色是领导者,要从全局出发考虑问题,要以团队的大局为重,不能掺杂个人情感。对每一个员工要一视同仁,谁有什么能力,就承担什么样的工作。这样一个公平处事、合理安排工作的管理者,可以把团队带好,也能够让员工信服。

工作之余,在与员工相处时,中层管理者的角色是朋友。如果不是在工作,中层管理者要像朋友那样去跟员工沟通,这样不但会使员工更加轻松,而且能拉近了与员工之间的距离更容易获得员工的喜爱和信任。

与其他组织或部门合作时,中层管理者的角色是协调者,其不仅要想办法带领自己的团队把工作做到位,还要及时与其他团队沟通,保证几个团队之间配合默契。如果这时中层管理者不注意做好协调工作,有可能出现团队之间工作内容重复、工作进度差距大、意见不一致等情况。这些都不利于合作,不但会影响工作,而且会影响整体的和谐气氛,打击员工的工作积极性。

在向领导汇报工作或者领导安排工作时,中层管理者的角色是下属甚至普通员工。中层管理者平时对员工可能有级别上的优势,习惯了指点他们。但是,面对领导时,即便发现领导有错误,也不应该以指点的方式直接提出来,这样容易让领导下不来台。在给领导提意见时要委婉一点,说出自己的建议,让领导参考,而不是直接否定领导的话。领导考虑问题的角度与你是不一样的,如果你能委婉地提出建议,即便建议有错,领导也不会为难你。但如果你直接反对,而且提出的观点又不对,领导可能会觉得你很冒失,甚至会批评你。即便领导真的错了,委婉的方式也更容易令他接受,比直接否定更容易达到目的。

中层管理者的角色重心随时都在转变,因此思维方式、观念和做事方法也要随之改变。一个能够随时转变角色定位,并把当前的工作做好的中层管理者,是能胜任各种工作的强者。

第3章
敢作敢当的承担力

有承担力的人才是可以托付重任的人,才是值得信任的人。作为中层管理者,我们要有敢作敢当的承担力,只有这样,高层领导才会信任我们,我们的下属也才能安心做事。

该承担的责任不容推脱

对责任的承担对每个人来说都十分重要,特别是对中层管理者,因为他不但需要对自己的工作负责,而且需要对手下的员工负责。一个不敢承担责任的中层管理者,领导不敢放心地把工作交给他做,因为他可能随时甩手不干,却又不肯承担后果。手下的员工也不敢放心大胆地去干工作,因为他们知道自己的领导可能会把错误完全归到他们头上,把功劳自己揽下。

不敢承担责任的人,是懦弱而又缺乏责任心的。他们往往会将错误推给别人,让别人承担惩罚或后果;把功劳留给自己,成为炫耀的资本。他们对于下属是苛刻的,对于领导往往很圆滑。这样的人很难赢得别人的信任,也无法带给团队正能量。

一个优秀的中层管理者,会承担自己应承担的责任。

两弹元勋之一的邓稼先,有一个非常感人的事迹。有一次做核试验,从飞机上扔下来的氢弹其降落伞没有打开,掉下来以后,没有爆炸。由于距离非常远,工作人员找不到这颗氢弹。于是就派出100多名防化兵去戈壁滩上找,结果还是没找到。于是邓稼先决定亲自去找这颗氢弹。当时的司令员不让邓稼先去找,说他的命比谁的都值钱。但是邓稼先没有听司令员的,他知道这件事非常危险,但他还是要负责到底,坚持一个人去找。邓稼先表示,别人去了没用,然后就毅然决然地出发了。后来他找到了那颗氢弹,当时它已经摔成了碎片。邓稼先将碎片捡了起来,确认其已经不会再爆炸。

回去以后,邓稼先直接住进了医院。经过检查,他的各项指标都很糟糕,特别是肝脏指标。当时邓稼先的夫人强烈希望他休息,但邓稼先还是坚决回到了工作岗位,继续为核事业作贡献。

对于该承担的责任,邓稼先从来没有推脱过。即便是冒着生命危险,他也独自一人去承担。在工作中,我们要学习这种敢于承担责任的精神,把自己的责任尽到位。

人的成长往往是在逆境中进行的,而承担责任让我们既能成长,又能够获得别人的信任。一个中层管理者,能够做到承担责任,也就能够接受重要的任务,成为公司里的中流砥柱。而下属看到我们能够承担责任,他们就不担心我们会把责任推给他们,自然也就能放手做事,发挥出他们最大的潜能,取得更好的工作业绩。

下属犯错不可置身事外

有些公司规定，下属犯错时，其直接管理者要跟着一起受惩罚。这样不是为了能多罚几个人，而是为了让管理者明白，下属犯错时，他们不可以置身事外。这样的规定当然是好的，它能将管理者和下属绑定在一起，让管理者为下属负责。这样一来，管理者会更加用心，而下属也不会因为只有自己受罚而和管理者产生对抗的情绪。

公司的制度是为了约束大多数人的，具有强制性。而我们作为中层管理者，即便公司没有这种下属犯错管理者一起接受惩罚的制度，也不应该置身事外。我们应该主动去承担责任，让下属知道我们并不是为了惩罚他，也不会因为他犯错而幸灾乐祸或漠不关心，我们为的是让他能够成长和进步，记住经验和教训，以后不犯或少犯这种错误。

和下属员工共同受罚，一起承担责任，你和下属之间的关系就会变得更加亲近。管理者想要和下属打成一片，最好的方法之一就是和他们站在一起，和他们共同进退。如果你只是冷眼旁观，看着他们受罚，或者把责任推给他们，即便责任真的在他们，他们也会因为你的冷漠而在心中产生距离感，这时想要再拉近与他们的距离，就比较困难了。

　　孙经理平时对自己的下属说话很不客气，甚至有时候说出的话会比较难听，可奇怪的是，他的下属基本上都不在意这些，并且对他很是信任。一个刚入职的员工，因为被孙经理说句太笨了，心里很受不了，就和同事抱怨，说这个孙经理太不会讲话了，你们怎么还愿意在他手底下干活。同事告诉新员工，别看孙经理平时对大家说话特别不客气，但是真出了什么事，他从来都是和大家一起承担，即便是犯了错，也会先把错揽到自己身上。大家都知道他是刀子嘴豆腐心的人，所以根本不介意平时被他说两句。

　　新员工听了同事的话之后，打消了心中的疑虑，决定就在孙经理手下干了。与话语上的些许瑕疵相比，他更在意自己的领导是不是会维护下属。果然，在他犯了错误时，孙经理并没有过分责怪他，还帮助他改正错误，并说是自己没教好他，自己也有责任。经过这件事，新员工对孙经理心服口服，也愿意在孙经理的手下一直干下去。

　　当一个人很优秀时，他很难判断身边的人对他是好还是坏。可是当一个人犯了错误时，他就能看清谁对他是真的好，谁能够和他共同承担责任、承受损失。能够在遭遇困难时站在你身边的人，是真正值得信赖的人。案例中的孙经理虽然说话不是很好听，但他不会把责任推给下属，在下属犯错时能够站在他们身边，所以总是能够赢得员工的信任。

如果中层管理者在犯错时推卸责任，那么下属就会对他失去信任。这样，下属平时工作时只会想着不要犯错，他们的工作的积极性就会大大降低。因为一般情况下，做得越多就越容易犯错；而做得越少，犯错的机会就越少。因此，当下属害怕犯错时，他们最直接的做法就是避免做事。

中层管理者要充分认识到下属所面临的困境，要积极采取措施来打破这种局面，也就是要给下属犯错的勇气。在平时，中层管理者要给予下属信任和支持，鼓励他们在工作中要敢于尝试和创新；在下属犯错时，中层管理者要给予他们鼓励和帮助，与他们站在一起，共同面对问题并寻找解决方案。这样，他们就不会害怕犯错，从而勇于挑战工作中的困难。

想要带出一支很棒的团队，中层管理者就要勇于承担责任，在下属犯错时不能置身事外。主动承担的管理者，能够成为下属的榜样，使他们在工作中也会主动承担责任，成为有担当的人。他们会争着做有挑战性的工作，工作热情也会随之高涨。这样一来，团队就会形成上下一心、不畏艰难的团队精神，团队就会具备强大的战斗力。

大局为重，迎难而上

管理者不是普通员工，不可以只盯着手上的工作，要时刻着眼全局，从大局出发，以大局为重。只要这件事是中层管理者应该揽下来的，即便它很困难，我们也应该承担起来，因为那是我们的本职工作，是我们本来就应该负责的。

如果中层管理者在选择工作任务时挑挑拣拣，只选容易完成的工作任务，而把有困难的工作任务扔在一边，那推来推去之后，困难的工作就没人去做了。中层管理者的这种畏难情绪也会传递给下属，让手下的员工逐渐形成挑选工作的坏习惯，这对于工作的顺利开展极为不利。因为这样一来，几乎所有人都会去选择那些简单的工作，而有困难的工作就没人愿意去做了。

中层管理者对于一家公司来说非常重要，当遇到困难时，如果连中层管理者都退缩了，那么那些普通员工就更难保持工作激情了。中层管理者应该成为他们的榜样，迎难而上，做公司的中流砥柱，做一个突破困境的破局者。

詹天佑是中国著名的铁路工程专家,有"中国铁路之父"的美名。京张铁路是由詹天佑主持修建并负责的铁路,这条铁路直到今天,依旧是令人赞叹的伟大工程。

京张铁路的设计修建难度非常大,首先,铁路需要经过的地形十分复杂,中间隔着崇山峻岭,有很长的桥梁路段,路途艰险,施工困难。在当时,这几乎是从来没有遇到过的艰难工程。其次,那时候中国人还没有掌握很好的修建铁路的技术。当时有不少外国人表示,中国人想要自己造出这条铁路,是不可能的,中国还没有这样的工程师。

虽然十分困难,但这并没有吓倒詹天佑,他要迎难而上,造一条由中国人设计建造的铁路。他亲自带领工程队勘测定线,亲自主持各种工作,还设计出了"人"字形路线,让整条铁路的设计堪称完美。然而,在铺轨的第一天,一列工程车的车钩链子便折断了,形成了脱轨事故。这仿佛是中国人修不成铁路的一条证明,更让外国人的嘲笑纷至沓来。詹天佑并不在意外国人的态度,他很快用自动挂钩法解决了这个问题。然而,在施工过程中,有重重困难在等着他,大量的山体需要开凿,桥梁需要通过,河床需要垫高。几乎每一个困难都能让工程无法进行,但詹天佑用他的智慧克服了一个又一个的困难,最终建成了京张铁路。不仅如此，整个工程所花费的钱比预期少了很多，可以说是既保质保量完成了工作，又节省了开支，堪称完美。

在工作中，总会有很多困难在等着我们。如果畏惧困难，那我们最终将一无所成。如果不畏惧困难，迎难而上，我们就有可能在困难的磨砺中突破自我，取得令人难以置信的成就。詹天佑在修建铁路的过程中所遇到的困难是巨大的，但为了民族利益，他迎难而上，最终圆满完成了任务。如果他一开始就畏惧不前，就不会有这样奇迹一般的工程出现在世人眼前了。

现在，各行各业的竞争都十分激烈。一家公司想要更好地生存下去，就应该具备不断创新的能力，而创新注定是艰难的。有时候，费尽千辛万苦进行的创新，最终可能会没有用处，这也会给做创新工作的人造成很大的打击。然而，那些优秀的公司，一般都会在创新方面投入非常多的人力和财力，甚至不惜成本，因为他们知道，创新不一定能成功，但如果自己不创新，那么注定会被淘汰。

创新是困难的，而只有勇于迎难而上的人，才能带领一个创新的团队。作为中层管理者，如果能够以大局为重，迎难而上，带领团队扎进这个极为困难的工作当中，或许你能够给公司创造巨大的财富，甚至为公司赢得未来。

中层管理者的价值可大可小，我们作为中层管理者，应该勇于挑战困难的工作，因为这样能够促使我们成长，同时也让我们有创造更大的价值的机会。在有的公司，中层管理者因为做好了一个项目，很快晋升为高层管理者，甚至因为这个项目成为行业中的黑马，继而成为这个领域的强者，这在移动互联网的今天已经屡见不鲜。

如果我们能够以大局为重，迎难而上，不但能给自己赢得更多的发展机会，也能够将这份勇气传递给员工，让他们也充满干劲儿。这样带出的团队，其工作热情会特别高，也敢于迎战任何困难。

别人不做，我们来做

有人说，当很多人争抢同一块蛋糕时，我们不妨自己去做一块蛋糕，它可能并不是很大，但它只属于我们自己。当一件事情有很多人来做时，竞争就会非常激烈。从众多的竞争当中脱颖而出，是比较困难的。而当一件事情谁都不愿意做时，竞争就少，说不定做好了这件事，就会有意想不到的收获。

中层管理者如果经常去挑一些"费力不讨好"的事情来做，或许在别人眼中他是一个傻子，但当机会到来时，他有可能会到达那些人无法企及的高度。别人都不做的事情，我们来做，我们就是独一无二的，在公司里是无法被取代的。这样的中层管理者，可以说是公司里的"救火队长"，哪里有困难就去哪里，哪里有大家都不愿意做的工作就揽过来做。哪个领导会不喜欢这样的中层呢？谁不希望自己的公司里有这样一个随时救火的机动团队呢？

如果我们能够经常做别人不愿意做的事情，我们在领导的眼中就是特殊的，我们也将是公司中不可被替代的。一般情况下，别人都不愿意去做的事，总是比较特殊或比较难的。在做这些事的过程中，我们所带领的团队会不断成长，每个团队成员的战斗力都会变得越来越强，很快我们就能够打造出一个战斗力非常强的团队了，这是很好的一件事。

目前，华为手机是国产手机当中的佼佼者，很多人都认可华为手机的质量，也十分喜爱华为这个品牌。然而，虽然华为手机的硬件已经非常好，但在软件方面，华为却还是刚刚起步的阶段。特别是手机的操作系统，更是如此。

要做手机的操作系统，并不是一件简单的事，需要考虑的内容太多：要照顾用户的使用习惯，让系统流畅好用、易上手；要成为一个用户量大的大平台，让这个系统有更多的软件愿意入驻；要经常进行系统更新，修补系统漏洞，保证系统的安全性……

在计算机时代，我们没有做出一款流行的国产操作系统，所以直到今天，微软的操作系统依旧是绝大多数计算机所使用的操作系统。现在是智能手机的时代，我们刚开始也没有自己的操作系统，大部分人在使用安卓系统或苹果的系统。在几乎没有人去做操作系统的情况下，华为去开发手机操作系统，这本身就是一件拓荒的伟大的事情。而且，华为做得很不错，在鸿蒙系统公布之后，大多数华为手机用户接受了鸿蒙系统。该系统用起来很安全，也很流畅，是非常不错的。

作为研发手机操作系统的团队，华为公司可以说是一支十分勇敢的团队。别人都不做的事情，他们敢于去做，而且做得很好，其不但勇敢，而且能力出众。华为的带队人也是非常优秀的管理者，能够带领团队在拓荒中取得很好的成绩。

中层管理者带领团队做别人不做的事情时，可能会遇到很多的困难，但我们可以借此机会锻炼团队。如果我们能够把事情做成，我们就有了超越其他团队的资本，因为我们有先行者的优势。

困难总是让人感到头疼，但一分耕耘一分收获，只要我们敢于做事，就不会一无所获。困难当中总是蕴藏着机会，优秀的中层管理者不会跟随别人去做选择，他们往往会挑选别人不做的事情，在这件竞争少的事情上，拼出自己的一片蓝天。

如果你是一个有远大理想的中层管理者,你就应该去不断地磨炼自己,让自己变得更加优秀。那么,选一个比较困难的工作来做,是非常好的选择。别人都不做的事情,我们把它接到手中,然后通过智慧和团队合作,将它成功拿下。这份成就感本身就是非常有价值的,它能坚定我们的信念,让我们心中始终充满阳光和希望。即便没能成功,拼搏的过程也会使我们收获知识、经验和教训,让我们受益匪浅。

无论从哪方面考虑,多选择别人不做的事情来做,对中层管理者来说,都是一件好事。不要害怕困难,世界上的每一份成功,都是需要克服很多困难的。其实想一想,不仅是工作中,生活中也是处处都有困难的?只要我们肯努力去克服困难,困难就没有那么可怕。去做别人不做的事,去获得别人无法获得的成长,不断变得更强,这本身就是巨大的成功了。

能承重担,路就越宽

一个人能走哪条路,和他的能力是有直接关系的,你能够承担多大的重担,你的路就可以走得多宽。

有人说,一个人的价值不是看他有多大的财富,而是看他为社会承担的责任有多重。对于中层管理者来说，你在公司的价值也和你承担的重担有关。你所承担的担子越重，你对公司的价值就越大，公司就越离不开你。

如果你的能力非常强，可以胜任各种工作，那么你可能是一个可以随意跳槽的普通员工。而当你拥有了承受重担的能力，你就具备了做中层管理者的资质，你的路就更宽了。

中层管理者不是简单做好自己就行的，他要对自己所带的团队负责，承担团队的责任。他还要为公司负责，在公司遇到比较重大的问题时，能够承载重担，帮助公司渡过难关。

在《三国演义》中，曹操带领几十万大军去攻打东吴。孙权手下的谋士有很多，武将也有很多，但绝大多数人在面对曹操强大的军队时选择了投降。只有周瑜等少数人认为应该放手一搏，而不应该选择投降。于是，才有了著名的赤壁之战。周瑜带领东吴的军队，联合刘备，将不可一世的曹操打败了，而且是以少胜多，将几乎不可能的事情变为了可能。

如果我们将东吴看成一家公司，把孙权手下的那些谋士和武将看成中层管理者。那么，那些选择投降的人属于不能承担重任的中层管理者，他们遇到困难的事情就选择逃避，把困难扔给领导。而周瑜则属于能承担重任的中层管理者，他将任务揽到自己身上，并成功完成了任务，将公司从危机中拯救了出来。

一个像周瑜这样能够承担重任的中层，领导当然会非常喜爱。而且，由于他既勇敢，自身的能力又强，所以他能够胜任更高的职位和更多的事情，自然会发展得很好，步步高升。

作为中层管理者，我们应该主动承担责任，并在承担责任的过程中不断使自己和团队获得成长。与此同时，领导也会对我们更加信任，因为我们遇到事情不会逃避，会主动去帮公司解决问题，是很可靠的。

领导都希望自己的下属能够多一些敢于承担责任的人，这样他的工作就可以轻松一点，不会每次遇到困难就感到无人可用。中层管理者时刻想着整个公司的利益，经常主动承担重任，给领导排忧解难，就会逐渐成为公司的中流砥柱。

我们要在公司里做一个重要的人，所以就应该多去做重要的事。承担更大的重担时，我们的重要程度自然也就更大。不过，在这个过程中，我们还要有接受失败的勇气。

欲戴王冠，必承其重。我们为了自己的路更宽一些，为了发展得更好一些，去承担重担，自然也要承担事情失败之后所带来的一些后果。但不要因此畏惧不前，只要你有足够的勇气，这些都不算什么。

心中怀着梦想，向着更高的地方冲刺，中层管理者不过是我们的一

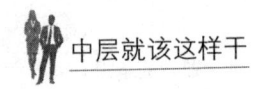

个阶段，我们今后会发展得更好。那么，这暂时的重担、这暂时的失败都不算什么。我们要先让自己的心情平复，然后去安抚自己的员工，让他们的情绪从失败中尽快走出来，继续朝下一个目标迈进。

不管成功或失败，我们都要勇于挑战重担，让自己变得更强，这是中层管理者应该有的强大精神。你的精神会感染手下的员工，他们的内心也会变得和你一样强大，跟着你一路披荆斩棘，做出辉煌的业绩。

每个领导都希望自己的手下能有几员虎将，助自己在行业中拼杀；每个员工都希望自己能有一个好的中层领导，带领自己向困难发起冲锋。我们作为中层管理者，就要做他们希望的事，成为他们希望的那种优秀的人。

第4章
解决问题的沟通力

沟通在工作中非常重要,对于中层管理者来说更加重要。我们要具备解决问题的沟通力,这样才能让团队保持和谐、减少内耗、发挥出更强的能量。

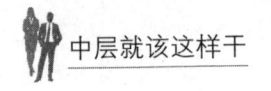

四种心态助力良好沟通

中层管理者需要经常和手下的员工互动,所以沟通能力对于中层管理者来说特别重要。一个沟通能力强的中层管理者,能够从员工的话语中更快地抓住他们想要表达的意思,也能更精准地将自己的意思传达给员工,让沟通十分顺畅,节约工作时间。

想要做好沟通,有四种心态可以帮助到你。

1. 摒弃成见,认真倾听

在沟通的过程中,很多人会犯的一种错误就是对别人有成见。这会使我们形成一种思维定式,不利于我们理解对方实际想要表达的意思。

比如,当我们认为某个员工的工作能力比较差,经常会因为一些小事束手无策时,如果他向我们寻求帮助,我们通常会在他还没开口时,就先入为主地认为他又是来询问一些简单的事情,心中产生不耐烦的情绪。但是,事情很可能和我们想的不一样,因为人是随时都可能改变和成长的,员工也会变得更好。当我们认为的工作能力差的员工问出了一个并不简单的问题时,如果我们还是不耐烦地打发他走,他会感到很大的挫败感，良好的沟通自然就不存在了。

要想做好沟通，我们不应该对员工有成见。当我们倾听时，不管对方是谁，心里不要有任何想法，只是听他们去叙述，然后去理解他们现在说的话。这样清空思想，不受成见和思维定式影响，对沟通有极大的帮助。

2. 心平气和，面色和善

有的中层管理者对手下的员工很凶，动不动就发脾气，板着一张脸，像是大家欠他钱一样，或者瞪着眼睛像是只要吃人的老虎。这样的中层管理者可能是想树立一种威严的形象，让员工都害怕自己，不敢不服从管理。

其实，真正有力量的语言是不需要声色俱厉的。只要你将语速放缓，适当停顿，你的语言自然就显得很有力量，不需要摆出一副很凶的样子。我们大可以心平气和、面色和善，让手下的员工在和我们交谈时如沐春风，这对于良好沟通是有好处的。

一些胆子小的员工本来就害怕和领导说话，如果你总是板着一张脸，看起来凶巴巴的，他们可能就更不敢和你交谈了。即便来和你说话，也可能会因为害怕被批评而不敢把心里话讲出来，那么良好的沟通也就无从谈起了。

优秀的中层管理者应该是温文尔雅的，让员工愿意和他交朋友，愿

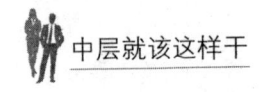

意和他交流。这样在沟通之前就已经赢了一半，做好沟通就不再是难事。

3. 充分尊重，照顾面子

在和手下的员工交谈时，要注意尊重他们。同时，还要照顾他们的面子，如果是对其面子有影响的内容，尽量私底下找他们谈，不要在公开场合谈论。

有人说，对于基层工作者来说，他们最渴望的就是得到他人的尊重。虽然劳动不分高低贵贱，但有些人就是对基层工作者缺乏尊重，总是一副高高在上的样子。这会严重影响交流，因为很少有人会愿意和一个对自己傲慢的人交谈。

中层管理者本来就比普通员工高一个职位，因此，在和员工交谈时，更要注意尊重他们，不要让他们有很强的职位差距感，要让他们有朋友谈心的那种感觉，这样，他们会更愿意真诚地与你交流，把心里话说给你听。

4. 适当赞美，勤加鼓励

赞美能够让人感觉自己得到了认可，也能让人心花怒放。当你和员工交谈时，适当赞美他们，他们会更愿意和你交谈下去。一方面，你本身是他们的领导，你的肯定是他们愿意得到的。另一方面，如果你的赞美恰到好处，说到了点子上，员工会觉得你的注意力集中在他身上，对他十分了解，继而对你的看重心存感激。

需要注意的是，赞美最好是说到点子上，这种落到实处的赞美更有可信度。如果一时间找不到能落到实处的赞美，那么不要说一些太夸张的赞美，以免让员工误以为你是在说反话，此时可以说一些比较简单的赞美，而轻描淡写的语言就已经足够让谈话气氛更融洽。

如果员工遭遇了挫折和失败，要做他们的后盾，而不是做一个盯着他们错处不放的"罚款员"。惩罚永远不是目的，让员工成长才是目的。我们要指出他们的错误，但不要把错误看得太严重，也不要揪着不放。多鼓励他们，他们会成长得更快。同时，他们也更愿意和你认真交流，因为他们知道你不会泼他们的冷水，而是会鼓励他们，给他们加油打气。

沟通不畅，可用微笑化解

微笑就像是天然的香水，如果能够在交谈中保持微笑，就能带给别人一阵芬芳，让交谈的气氛更加融洽。在沟通不畅时，试着放松面部肌肉，多一点微笑，或许就可以化解尴尬的局面，迎来转机。

人与人之间有时候会有一种微妙的气场，不通过语言，而是通过一种感觉来传递某些信息。就像有时候我们看到一个陌生人，会感觉很顺眼、很投缘，而有时候又感觉似乎不太喜欢某个陌生人的样子，看到他

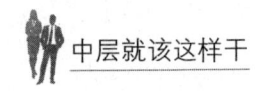

就莫名其妙不喜欢。这就是两个人一接触就产生的感觉，不需要说话，感觉就直接产生了。

面部表情可以说是我们的第一语言。当我们看到一个人时，他的面部表情就已经被我们尽收眼底。他是一副凶神恶煞的样子，还是一副让人如沐春风的样子，给我们的感觉是完全不同的。相信大部分人都不太愿意去和一脸凶相的人交谈，而且心中会有所防备，而那些面带微笑、让人感觉很舒服的人，即便素不相识，也会给我们留下好的印象。

有个故事是这样的，一个总统骑着马和其他人从一个地方路过。这时，一个陌生人上前询问总统去某个地方怎么走。总统知道那个地方，并将行走路线告诉了他。然后，总统问他："为什么这里有好几个人，你偏偏要来问我呢？"这人的回答让所有人都感到惊讶，他说："他们看起来都不像愿意回答我的样子，而您一看就像是乐于助人的人，因为您脸上面带微笑。"

微笑能够给人很舒服的感觉，是沟通的润滑剂，能够促进沟通顺利进行。例子中的总统虽然和陌生人素不相识，但陌生人从他的微笑中看出他和别人是不同的，他是容易沟通且愿意帮助别人的人。

我们不仅要在交谈中经常保持微笑，还要在平时注意管理表情，让自己的表情变得柔和，遇到人的时候礼貌微笑。脸部肌肉如果一直保持紧绷的状态，我们自己也会变得一板一眼，显得我们是枯燥乏味的人。放松脸部肌肉，可以平时用手揉一揉自己的脸颊，然后嘴角向上微微扬起，露出一个微笑。

并不是每个人都会微笑，有不少人的微笑需要后天练习，就像空姐需要咬筷子练习微笑一样。如果你觉得自己的微笑不好看，也可以对着镜子有意识地练习一下，不过不需要像空姐那么严格，我们不用去咬筷子，只要把笑容调整到看起来让人舒服的状态就可以了。经过练习之后，我们会逐渐产生肌肉记忆，需要微笑的时候，自然就可以露出微笑。

有人觉得，我作为一个中层管理者，又不是前台服务人员，干嘛要那么麻烦，还得保持微笑，还要练习微笑。其实，微笑能够让我们终身受益，练习微笑有百利而无一害。如果你的目标只是把工作做得差不多，甚至把工作敷衍过去，那你可以不注重细节，每天在员工面前板着一张脸，你也可以不修边幅，不在乎员工眼中的自己的形象。但如果你是一个有上进心的人，想要把工作做得更好，想要获得更高的职位、更好的未来，那你就应该注意每个细节，包括与人沟通时的面部表情。

微笑看似是服务人员才需要练习的技能，但实际上，只要你有更高的追求，你就应该学会它。微笑让你在沟通中变得更加轻松，对于你管理员工有极大的好处。沟通能力对你在任何管理岗位上都有用，因为你总是要和人打交道，要和员工去沟通。因此，我们很有必要练习好微笑，而且不能有轻视之心。

沟通的成功，是对每一个细节的把控，是对人的心理精准的拿捏，是语言的艺术。相比其他需要考虑很多因素的技巧，微笑几乎不需要考虑，学会就能用在绝大多数的场合，用在绝大多数人的身上。这种几乎零成本、可以随时使用的技巧，可以说性价比超高，我们应该重视微笑，并将它运用到每一次沟通当中。

如果你经常微笑，不但在员工眼中你会显得平易近人，而且你自己的心情也会随之变得更好。因为微笑的时候，我们自己会在不知不觉间变得轻松起来。这就是笑容的强大力量，它能带给我们好的心情，而我们自己甚至都没有觉察到。

真诚赞美，拉近距离

虽然我们都希望得到他人的赞美，但并不是所有的赞美别人都愿意听，除非它能让人感觉到真诚。当我们赞美一个人时，如果想要这句赞美被对方接受，我们需要对对方有充分的了解，把赞美的话说到点子上。

这样一来，对方才会觉得我们是真的在赞美他，而不是敷衍或者拍马屁。

作为中层管理者，我们平时就要对自己的员工有充分的了解，知道每个人的特点。比如，有的员工在工作中表现突出，总是有很高的积极性；有的员工虽然表现得没那么积极，但分配工作时任劳任怨；还有的员工很善于活跃气氛，让整个团队保持团结，这些都是他们的特点，也可以说是他们的优点。

其实，每个人都有自己独特的地方，而这些独特之处，很多是我们可以去赞美的地方。只要是对工作有利、对团队有利的特点，都可以算作优点，都值得我们赞美和鼓励。这样一来，员工会感觉你在关注他，甚至觉得你比别人都懂他，是他的知己。那么你在和他交谈时，他当然更愿意和你交谈，说不定平时还会主动找你谈谈他在工作中的感受。

需要注意的是，赞美到点子上会让人觉得真诚，但这并不代表只要说到了点子上，就可以随口乱说。如果我们的赞美显得特别夸张，即便是说到了点子上，对方也可能觉得这不是赞美，而是讽刺。比如，某员工在团队里非常活跃，如果你想要赞美他带动团队气氛，是团队里不可或缺的人，最好不要说"你真的很好，团队里没有你，就没有了灵魂"，这类话过于夸张了。员工可能会想，我平时只是活跃一下气氛，不是什么中流砥柱型的员工，领导这么说可能是在点我，让我以后别那么活跃。如果员工这样想，并且在今后做出改变，那就和你赞美的初衷相违背了。

但如果你只是简单地赞美，说员工平时能带动团队的气氛，很不错，继续保持。这样简单的赞美，员工听着就很正常，也不会误解。

所以，其实我们的赞美并不一定需要说得那么夸张，只要说到了点子上，一句简简单单的赞美就能够让人很高兴。

一名员工在工作中遭遇了失败，他心里很是懊恼，于是主动找到部门经理，要求部门经理对他进行处罚。部门经理都被员工的做法搞蒙了，见过给自己邀功的，还很少见到主动要求进行处罚的。于是，部门经理准备和他好好交谈一番，解开他的心结，让他快点从失败的阴影中走出来。但这个员工此时满脑子都是愤怒和不甘的情绪，根本听不进什么劝说的话。

部门经理说了很多话之后，发现员工基本左耳进右耳出，气得也不知道说什么好了。最后，他非常正式地说："你听着，不管对于这次的失败你有多么难以接受，我都必须要夸你几句，你有一点是很多人身上没有的，就是敢打敢拼的冲劲儿。你想想，在你进入公司的这几年时间里，你揽下了多少难缠的工作？别人不愿意干的活，你却抢着干。这就是你最大的优点。如果大家都能像你一样，我安排工作时就会省心很多。既然揽了难做的工作，失败就在所难免。这没有什么好气愤的，继续努力，能补救的就补救，不能补救的吸取教训，这就行了。如果你因为这件事导致以后没了冲劲儿，那我不得损失一员大将？"

听了部门经理的赞美，员工心里果然平静了很多，心想对啊，既然经常做难做的工作，失败也很正常，没什么大不了的。于是，他立即保证，今后还会继续保持这股冲劲儿，努力把工作做好。部门经理满意地点点头，让他回去继续工作了。

例子中的员工满脑子都是失败，在失败的阴影中走不出来。这时，部门经理说什么他都听不进去，反而通过赞美让他知道了自己的价值，从而抵消失败带来的挫败感，很快就平复了他的心情。

作为中层管理者，赞美员工不仅要在员工表现良好的时候，还应在员工遭遇挫折和失败的时候。像例子中这样，在员工遭遇挫折和失败时，给他们一些赞美和肯定，能起到很好的沟通效果，帮助他们尽快从糟糕的心情中走出来并重新投入工作，达到"一句顶十句"的效果。

平时多给员工一些真诚的赞美，员工们就会知道你很认可他们，他们也更愿意和你亲近。你的人际关系越好，管理员工时也就越方便。赞美不需要花费一分钱，却能够得到别人的好感，拉近彼此的距离。只要你保持真诚，并让对方感受到你的真诚，这就足够了。

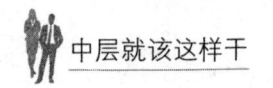

有效倾听胜过千言万语

沟通包括两部分,一部分是说,就是将自己的意思通过语言表达出来;另一部分是听,通过倾听,了解对方的意思。很多人对于"说"特别重视,会专门去研究怎么说话可以让别人更愿意听、更能够听进去,却忽略了"听"的重要性。

其实,大部分善于沟通的人,并不是因为他们的口才有多么好,说得多么天花乱坠,而是他们善于倾听,能够洞悉别人心中的想法,继而说出打动对方内心的话来。有效的倾听有时候胜过千言万语,因为倾听之后你才能有的放矢,打动对方,而不是漫无目的地说了很多话,说得口干舌燥,听的人却没什么感觉,甚至觉得你有点不尊重他,根本不听他说的是什么。

有一个汽车销售门店,销售业绩最好的居然是一个说话有点结巴的销售员。这不禁让人感到很奇怪,一个说话都困难的人,究竟是用了怎样的话语技巧，打动了顾客，让他们愿意去购买呢？原来，这位销售员的方法非常简单，就是倾听。

当顾客来到店里时，其他销售员一般会立即跟上去，然后滔滔不绝地讲述每一台车子的性能、特点和优势。虽然他们的业务很熟练，说得头头是道，专业性也很强，但顾客大多时候对车子并没有那么了解，他们说那么多，反而把顾客听晕了，既不知道他们说的重点是什么，也记不住他们说的那些内容。而且他们总是说个不停，顾客连静静看车的时间都没有了，此时顾客往往不愿意下单购买。

反观这位说话有些结巴的销售员，当顾客到来时，他只是迎上去，并面带微笑，并不多说什么。即便顾客来到一台车子面前，他也不多说，只是陪同顾客看车，并做些打开车门等的简单动作。顾客有时会问某台车子油耗高不高、有没有优惠等问题，还会问一些细节方面的问题。这位销售员就根据顾客的提问给出重点回答，并给出相应的购买建议。然后他就又闭嘴了，让顾客自己静静考虑要购买哪台车子。

虽然这位销售员说话有点磕磕绊绊的，但其每次轻轻松松就拿下了单子，让别人羡慕不已。

例子中的销售员虽然说话有点结巴，但这不但没有成为他的劣势，反而成了他的优势。他说话不便，于是就从不多说。他把注意力集中到倾听上，倾听顾客的需求，然后给出精准有效的回答。这样虽然说的话不多，但解决了顾客的痛点，所以是非常有效的沟通，一下子就打动了顾客。

有效的倾听能够让我们在说话时迅速抓住对方的心。与滔滔不绝却漫无目的的讲话不同，这样的讲话更精准、高效，也不容易引起听者的反感。讲话滔滔不绝的人看似会讲话，实际上却不一定，因为他们可能只是单纯在表达自己的想法，而忽略了对方是否想听。

作为中层管理者，我们大多时候并不用说太多的话。要解决员工的问题，重要的是倾听他们的声音，知道他们心中在想什么，知道他们最需要的是什么。然后给出精准的答复，解决员工心中的困惑，帮助员工应对工作中的难题，就可以了。

当我们开口讲话时，一般都站在自己的角度上看问题，说自己的观点和看法。而当我们去倾听时，我们能够看到别人视角里看到的，听到别人心里想到的。这样，我们就可以更全面地理解问题，从而给出更好的解答。一个不善于倾听的管理者是不合格的，因为他将听不到很多员工的声音，屏蔽掉很多员工的智慧。

中层管理者不仅要管理好自己的员工，还要做好员工和上级之间的中间人。如果我们不倾听员工的声音，不知道员工有什么想法和需求，就很难扮演好这个中间人的角色。有些公司的基层明明已经出了很严重的问题，上层领导却一无所知，这就是中层管理者没有做好中间人的工作，缺少对员工的倾听的原因。

沟通不只是我们在那里说，它是一种互动，需要我们倾听。倾听是沟通的另一半，只有做好倾听，我们才能真正做好沟通。一个中层管理者离不开他的员工，要多倾听员工的声音，始终了解员工的所思所想，才能把团队带好。

选对沟通方式，让沟通事半功倍

沟通并不是千篇一律的，对不同的人使用不同的沟通方法，能够让沟通更加有效。每个人都是不同的，拥有不同的喜好和特点。根据每个人的特点来决定沟通方式，灵活沟通，能够让沟通事半功倍。

我们可能会有这样的感觉，在使用聊天软件聊天时，有的人喜欢用语音，有的人喜欢用文字。喜欢用语音的人，一般对声音比较敏感，更愿意通过听觉来获得信息；而喜欢用文字的人，则对视觉方面的内容比较敏感，更愿意通过眼睛来获得信息。正如有的人热衷于讲话，总是滔滔不绝，而有的人喜欢静静观察，用眼睛看，话却不多。

对于喜欢通过听觉来获得信息的人，我们在和他沟通时，应该以语言交流为主；而对于那些喜欢通过视觉来获取信息的人，我们应该以文字方面的沟通为主。比如，作为中层管理者，我们在给员工安排工作任务时，对喜欢靠听觉获取信息的员工当面下达任务，而对喜欢靠视觉获取信息的员工，则可以将工作任务以邮件形式发到他们的邮箱。当然，这两种方式不是死板的，可以一种为主，另一种为辅。根据实际的情况，灵活使用。

在沟通的时候，除了要注意员工听觉和视觉方面的喜好，还要了解员工的性格。对于性格直爽的员工，沟通时，我们要直截了当。如果说了半天还没有说到点子上，可能会让他们感到烦躁，不如单刀直入地进入主题，把要说的说出来，这样大家都轻松。对于性格比较内向的员工，我们说话应该委婉一些。这样的员工心思一般比较细腻，只要能够表达到位并确认他们理解了，就不用说太多，否则他们可能会感到不被信任。

林经理平时是一个话比较少的人，对于自己的员工，他一般不会说太多的话。有一天晚上，他看到自己的一个女员工在公司加班，便对她说时间不早了，让她早点回去休息，如果有没完成的工作，明天再做也一样。看女员工还不走，他便连声催促。女员工在他的催促下放下了手中的工作，回家去了。

第二天，林经理又看到这个女员工在加班，便问她是不是给她安排的工作任务太繁重了，要不给她换一项工作，怎么天天加班。女员工连忙说不用，然后像是怕被林经理责怪一样，急匆匆地离开了。

过了两天，员工小王向林经理反映，说那个女员工整天闷闷不乐的，于是问她什么事情，她说林经理对她的工作能力不满意，担心被"炒鱿鱼"。林经理感觉有点摸不着头脑，想了很久，才明白可能是因为催促她下班那件事。他本意是为员工好，让员工不要加班，没想到这个女员工的内心十分敏感，对这件事产生了误会。

林经理把那个女员工叫到办公室说明了情况，并表示对她的能力没有不满，她的工作能力还是不错的。并告诉她即便有时候工作任务比较繁重，也要爱惜身体，不能总是加班。经过一番解释，女员工终于喜笑颜开。

例子中的林经理在和一个女员工沟通时，没有注意沟通方法，只是按照自己平时的习惯简单说了几句。没想到这个女员工内心敏感脆弱，以为被经理嫌弃了，所以闷闷不乐。所以我们在和员工沟通时，要注意沟通方法，避免类似情况的发生。

还有需要注意的是，对不同文化水平、身份的人，用他们平时交谈时使用的话语，更容易达到良好的沟通效果。如果你只是用自己的语言来说，他们可能无法理解，甚至会产生一些不必要的误会，让沟通难以进行。比如，当和基层员工交谈时，如果你总是说一些特别书面的名词，他们可能会觉得你说话文绉绉的，不愿意和你交谈，甚至听不懂你的话。在这种情况下，我们应该用他们平时使用的语言来跟他们交流，就像用家乡话和别人交流一样，会产生亲切感，让沟通更顺畅、有效。

沟通的重点在于讲出的话要让对方听进去。对的话不一定是对方能够听进去的话，但了解对方的特点，使用合适的沟通方式，则能够让对方快速接受你的观点。我们照顾对方的语言习惯，使用他喜欢的交谈方式，本身就是对他的尊重，而他也会明白这一点，和你的关系更亲近，对你的话也更重视。人们其实都喜欢由情入理的语言，情在前理在后，而不是直接说理而不讲情面。在意别人的沟通喜好，就是把情放在了前面，自然就能赢得别人的好感。

在企业中，沟通不是几个人的事，而是企业所有人的事。不仅高层管理者和中层管理者之间需要沟通，中层管理者和中层管理者之间、中层管理者和员工之间也需要沟通。在沟通中，我们要注意沟通对象的特点，选择适合的沟通方式，让沟通变得更简单、高效。

第5章
强将手下无弱兵的培养力

中层管理者如果只有自己强大是不行的,因为要管的事情太多,不可能全部自己去解决。因此,中层管理者要具备培养下属的能力,然后带出一群强兵。只有这样,团队才能所向披靡。

做好教练，培养人才

一个优秀的管理者，不应该凡事自己动手去做，而是要会利用团队的力量。这就要求你的团队当中有各种各样的人才，能够应对各种各样的事件和问题。优秀的中层管理者应该做下属的教练，去培养他们，把他们从普通员工培养成优秀员工。

人才在任何时候都是非常宝贵的。一个公司如果有很多人才，这个公司未来的发展就一定会好，一个团队如果有很多人才，这个团队的战斗力就一定非常强。很多大公司都特别重视对人才的培养。有的公司会选择去名牌大学招聘，对于新员工的学历要求也总是很高。但这其实还不够，因为新招来的员工还没有很强的归属感，他们可能干不了多久就会选择跳槽。对于这种情况，不少公司都深有体会。

自己培养出来的人才更加可靠，因为他们对公司是有感情的，不会轻易跳槽。所以，很多公司都很重视自己培养的人才。

华为公司每年都会拿出很大一部分资金用于人才的培养。而对人才的培养，华为公司的重视程度可以说是空前的，它不但和很多高校合作，甚至和教育部合作构建人才培养体系。华为公司还表示，要用 5 年的时间培养出 300 万数字人才。

自己培养的人才用着更加放心。直接从外面招来的"空降型"人才，他们既可以降落到你这里，也可以随时跳到别人那里，属于不稳定因素。如果公司里有很多这样的不稳定因素，就会影响到整个公司。

作为中层管理者，我们平时对下属不仅要循循善诱，还要在工作中以身作则，用自己的言行不断地影响他们，引导他们成为更优秀的员工。有的中层管理者不愿意把自己的知识和能力传授给下属，担心他们会抢了自己的饭碗。这种想法虽然在一定程度上保护了你自己，但会让你止步不前。如果你有更远大的目标，不止是想做一个中层管理者，你就应该不断学习，不断提升自己的能力。古话说"教学相长"，就是说我们在教给别人东西的时候，自己也会获得成长。我们把自己会的教给下属，我们自己也能够对这些内容更熟悉。而且在带他们的同时，我们也在继续学习、继续成长。大家一起成长，我们就可以走向更高的职位，下属即便升职了，我们也不用担心自己丢了饭碗。

要评价中层管理者的能力，除管好团队之外，培养团队人才也是极为重要的指标。如果一个员工到了你的团队之后，没有一点长进，那么只能说明你的能力有问题，你不会带人。同样的员工，进入不同的团队当中，其成长速度可能完全不同。这是因为团队管理者能力不同，有的管理者会培养人才，而有的不会。

作为中层管理者，我们应该有这样的意识，就是让每一个员工都能够从我们这里学到有用的东西，让他们获得成长。这不仅是我们应担负的责任，也是我们对团队的贡献。我们的员工变得更优秀了，我们的团队也就变得更强了。

不会带团队的人，凡事只能自己去做，累死也无法做出太大的成绩。想要取得更好的成绩，拥有更高的成就，就需要依靠团队。带团队就是培养人才，帮助他们变强，这是管理者该做的事。而有些中层管理者不但不帮助自己的下属成长，还嫉贤妒能，完全本末倒置，不但对团队没一点好处，而且影响自己的发展。

没有一个领导会喜欢不能带团队的中层管理者，如果不能将团队成员培养成人才，那还不如继续做普通员工，去单打独斗。作为中层管理者，带出团队，培养出人才，正是我们对公司的重大价值之一。

作为中层管理者，我们要清楚不能只提升自己的能力，要把自己的知识和经验传授给员工，他们才是我们强大的资本。如果你能倾心去培养每一个员工，做好他们的教练，那么我们所带的整个团队就会成为战斗力很强的优秀团队，领导也会因为我们打造团队的能力而给予我们更多的发展机会，让我们快速晋升。

由我们培养出来的员工，他们会时刻记得我们对他们的培养。即便他们真的发展得比我们还好，他们也不会忘记这一点。那么，在我们以后需要和他们合作的时候，自然会更简单。何况，如果你真的有那么强的培养能力，你也不会比其他任何管理者差，你的职位只会更高。

总之，培养下属是每一个中层管理者应该重视的事情，也是每一个中层管理者的责任和义务。我们投资下属，把他们培养成人才，这样，我们整个团队就会变得更强。而团队变强是我们能力的体现，也是管理者强大的证明。

就事论事，拒绝否定

谁都希望自己能够得到他人的肯定，而不愿意听到他人的否定。对于员工来说，听到上级的肯定更是比听到否定要好得多。如果我们在管理下属的过程中否定他们，可能会给他们的信心带来很重的打击。"言者无心，听者有意"，有时候我们不经意的一句否定，可能就会在员工的心中引起轩然大波，所以要格外重视。

作为中层管理者，我们要对自己的员工有更多的关爱。遇到事情时，不要急着去否定他们，而应先认真了解事情的经过，明白事情的真相，然后讨论这件事情就行了，就事论事，不要有否定员工个人的言论，也不要有任何的人身攻击。我们的关注点永远是解决问题，而不是针对谁。

如果我们因为员工能力不强就否定员工，或因为员工做错了事情就否定员工，这只能说明我们的格局不够大。员工能力不强，不只是他们自己的问题，也有我们的问题，我们没能将他们培养得更优秀。如果他们做错了事，我们也有监管不力、没有及时引导他们的责任。

员工若有过错，帮助他们解决问题，而不要急着去否定他们。这样一来，员工就会感觉你是爱他们的，你对他们很好。他们会感激你给他们提供的帮助，而不是畏惧你对他们的批评，或担心你因他们的能力不足而看不起他们。这样的管理者是很温暖的，能够传递正能量给员工，让他们更敢于放开手脚去工作，不畏艰难，不惧失败。

中层管理者就像是一个老师或者教练员，带领了一班学生。作为中层管理者，我们要对团队的风气负责。如果我们经常否定下属，那么这个团队的风气就会变得不好，员工之间可能会互相针对、互相否定。如果我们经常给予下属肯定，即便他们犯错了，也只是帮他们改正错误、解决问题，那么团队的风气就是积极的，员工之间会互相帮助，谁也不会看不起谁。这样，团队的凝聚力会很强，战斗力也会很强。在彼此的帮助下，每个人都会成长得更快，团队也就变得越来越强大。

其实有些中层管理者否定下属，并不是因为下属做错了什么事，而是因为看到下属学东西慢或者做事有点笨手笨脚的。这种情况下，中层管理者会认为下属能力不行，甚至直接评价他们"笨"等。对员工来说，这样的言论会非常刺耳，也会打击他们的信心。

我们需要明白，我们之所以看他们很笨拙，是因为我们的水平比他们高。一个经验丰富的人在看初学者时，自然会觉得其有些笨拙。这并不代表他们是真的笨，而是他们不如我们熟练，不如我们能力强，仅此而已。

我们刚开始做某件事时，几乎都是笨拙的，就像小孩学走路一样，需要先扶着东西慢慢走。我们自己也是这样过来的，从笨拙逐渐走向熟练。因此，我们要对下属多一点宽容，并给他们时间去熟练掌握知识和技能，而不是急着去否定他们。

普通员工的工作能力一般没有中层管理者强，所以我们不能用管理者的标准去要求他们。我们应该以平常心看待，并真诚地指出下属的不足之处，并帮助他们找到最好的解决问题的方法，而不是只知批评和处罚。只有这样，下属才会对我们更加信服，才会更加主动地支持和配合我们的工作。

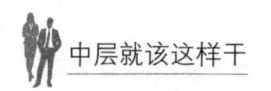

保持尊重，稳定团队

尊重是每个人都需要的，特别是对于身处基层的员工来说，他们在面对比自己高一个级别的管理者时，更需要得到尊重。我们如果不尊重下属，对他们颐指气使，他们表面上可能会听话，但心里基本上是不会服气的。虽然我们和他们在职位上有级别高低之分，但本质上，我们和他们是平等的。

我们平时在生活中和他人说话时，如果表现得不尊重对方，相信对方是不愿意和我们多说的，可能转身就离开了。而在工作当中，如果我们不尊重员工，他们心中会产生不满，甚至是怨恨。如果这种不满和怨恨没有及时得到排解，而是一直积压着，等到他们无法承受的时候，就会爆发出来。

对下属不尊重，就等于是给自己的团队埋下了很多隐患。他们可能不会立刻爆发出来，可能在以后很长的一段时间里也不会爆发出来，但这并不意味着相安无事。一旦我们遭遇困境，这些隐患就可能随时爆发，让我们面临的境遇雪上加霜，让本来可以渡过的难关变成无法跨过的关口。

虽说忍一时风平浪静，但一直忍耐就会成为一种极不稳定的因素，一旦爆发，破坏性极强。堵不如疏，忍耐不是长久之计，内心舒畅、无须忍耐才是好的状态。是平时给下属足够的尊重，让他们心情舒畅，不在心中隐忍很多不满，还是让他们一直忍耐着你的不尊重，直到有一天承受不了而爆发，我想，任何人只要认真思考一下，就能给出正确的答案。

在《三国演义》当中，刘备三顾茅庐的故事十分经典。为了请诸葛亮出山，协助自己打天下，刘备三次到诸葛亮住的地方去拜访诸葛亮。第一次去的时候，刘备并没有特别在意，就像平常找一个朋友一样，没什么准备，简简单单就过去了，结果没见到诸葛亮。第二次去的时候，刘备开始重视起来，像拜访一位大人物一样，不敢有丝毫怠慢，在言行举止方面都格外小心，可还是没能见到诸葛亮。第三次去的时候，刘备更加重视了，提前就做好了计划。到了拜访的那天，在离诸葛亮住的地方很远的时候，刘备就开始下马步行，一路走到诸葛亮的住所，对诸葛亮表现出很大的尊重。听书童说诸葛亮在午睡，也不去打扰诸葛亮，就在外面安安静静等着他睡醒。

刘备对诸葛亮的这种高规格的尊重，让随他而来的关羽和张飞都感到难以接受，特别是急性子的张飞。刘备劝住了他们，让他们和自己一起耐心等待诸葛亮睡醒。诸葛亮见刘备能对自己如此尊重，也明白了刘备想让自己帮他是真心的，所以愿意出来辅佐他。在后来，诸葛亮为蜀汉鞠躬尽瘁，从不变心，也正是因为当初刘备对他的尊重。

诸葛亮在《出师表》中说："先帝不以臣卑鄙，猥自枉屈，三顾臣于草庐之中，咨臣以当世之事，由是感激，遂许先帝以驱驰。"意思是刘备当时不嫌弃他是一个平民百姓，居然那么尊重自己，三次来拜访，所以非常感激，愿意为刘备效劳。

我们在对待下属时，给予他们足够的尊重，不但能够让彼此的感情更好，而且能让下属心中感动。他们会更愿意一直在我们的团队工作，不会轻易离开。那么，我们把员工培养成人才，就不用太担心他们学成之后离开了。

需要注意的是，我们在平时保持对下属的尊重可能比较容易，然而到了生气的时候，就比较难了。在生气的时候，我们可能只想着出气，说出的话可能也会比较难听。这时候，不要说尊重，很多伤人的话都可能说得出口。

有修养的人一般很少生气和发怒，但即便是有修养的人，在发怒的时候也很难保证不说难听的话。我们如果生气了，可以尽量避免和下属接触，等气消了以后，再和他们说事也不迟。假如正在和下属交谈的时候生气了，我们可以先暂停，等心情平复了再继续谈话。

尊重下属不是一件小事，它关系到团队的和谐稳定，也关系到与下属之间的距离感。想要和下属真正打成一片，就要处处尊重他们，并且少对他们发脾气。在生气的时候，我们可以找个没人的地方待一会儿，等心情好了再做决定或继续找下属交谈。

尊重是长期的事情，它不但需要我们时刻重视，而且需要我们关注每一个细节。一次的不尊重，就足以让之前所有的尊重都变得没有意义。所以，我们时刻都要警惕，不能因为一时的疏忽，而把长期经营的和谐关系破坏掉。

保持耐心，欲速则不达

我们的下属非常优秀，这对于我们来说也是一种成功。但是，要下属优秀并不是一朝一夕就能够做到的，需要我们有足够的耐心。

其实，人才的培养一直都是很难的，这是一种长期的投资。回想一下，我们在大学需要读四年才能毕业，如果要读硕士、博士的话，就需要更长的时间了。在学校学习尚且需要这么久的时间，在工作中一边工作一边学习，当然也会需要很长的时间。

"欲速则不达"，这句话我们都知道，但真正到了做事时，很多人都变成了急性子，总想着一下就把事情做好。在培养下属时，有些中层管理者也是急性子，恨不得一天就把下属培养成最优秀的员工。这是不符合科学规律的，除了徒增下属的压力，不会有任何实质性的帮助。

成功不仅需要足够的努力，还需要足够的等待。它不仅需要我们有足够的耐心，还需要有足够的时间去打磨。最后成熟的果实往往最甜，因为它经历了更多的风吹日晒，甚至是风霜雨雪。这是果农对于果实的认知，其实也是成长的一条真理。珍贵的东西往往都是慢慢成长的，我们需要耐心等待。

老宋最近在带一个新员工，这个新员工让他感觉很是无奈。他带过的新员工也有不少了，但成长这么慢的员工，他还是第一次见。这个员工总是喜欢在他讲问题时问东问西，每次都把老宋问到不耐烦。老宋说过几次，让他不要总是问东问西，专心学好自己讲的内容。同样的时间，别人早就学完了，这个员工的进度连一半都没到，这让老宋感觉又急又气。

有好几次，老宋都想对这个员工发火，不过他还是忍住了。虽然这个员工喜欢问东问西，但是态度还是很好的，对老宋从来都是非常恭敬的样子，老宋说他时他也不还嘴。这让老宋的火气也消了不少，但对于学习进度缓慢的问题，老宋还是有点接受不了。

好不容易把该教给员工的知识都传授完了，老宋也松了一口气，心想，以后再有这种问题这么多、学习这么慢的员工，就不再收到自己的团队了。然而，很快他就否定了自己的这个想法，并对那个员工刮目相看。

原来，团队遇到了一个突发状况，当时老宋出去办事，并不在公司。情况紧急，别人都不知道该怎么办才好，那个员工却表示不用担心，可以试试用他的办法。于是，众人听从了他的建议，一边给老宋打电话汇报情况，一边按照那个员工说的方法去解决问题。最终，他们成功将问题解决了。老宋一开始听到这个消息还有点慌，因为团队里的人基本都是他带起来的，这个问题当时他没有细讲，所以没有人会。知道问题解决了，他这才想起，那个问题非常多的员工在学习时询问过自己不少相关的问题，所以他才知道如何去做。此时，老宋才明白，原来那个员工不是学习能力差，而是因为学的东西多，学习的面广，所以才显得学得慢了一些。

学习和成长都不是一蹴而就的事，它们需要经过很长的时间。例子中的老宋在教员工时有多么烦恼，在员工成长起来后，他就会有多么

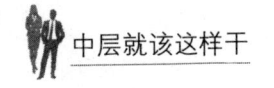

欣慰。

我们应该给员工足够的时间去变强，我们要对员工有足够的耐心。有的员工学习能力强、进步快；有的员工学习能力弱，进步慢。但是，这无法决定他们今后的高度。学得快不一定学得扎实，学得慢也不一定学得不好。

给员工时间成长，不催促他们，让他们真正将知识吃透，然后通过工作中的练习，将知识融会贯通、转化成自己的能力。这一过程中的每个环节都需要时间。我们无法通过催促来提高效率，反而可能越催越慢，所以不如耐心等待。

拔苗助长是不可取的，如果我们急于求成，员工只能学个大概，不能更加深入，知识面也会比较狭窄，在遇到一些状况时，不知道该如何处理。想要培养一个普通的员工，很快就能培养出来，而想要培养一个优秀的员工，则需要时间。

我们应该打造一个拥有优秀员工的团队，而不是只有普通员工的团队。所以，即便经历了很长时间的等待，也完全是值得的。因为这个团队的战斗力会非常强，而且团队成员是你一手培养出来的，彼此熟悉、上下一心，必然能够发挥出更强的力量。

充分激励，让员工自愿变强

在工作当中，有的人工作意愿非常强，而且特别上进，不需要别人督促，自己就很愿意通过努力变得更加强大。而有的人工作意愿并不强，在工作中缺乏激情，像是在混日子。这两种人几乎每个团队里都有，他们给团队带来的影响可以说是天差地别。

作为中层管理者，我们当然希望自己的团队成员都是充满激情的、愿意自己去变强的。要让员工愿意变强，我们就应该在平时多注意通过各种各样的方式激励他们拥有强烈的变强的意识。

我们应该平时多说正能量的话语，激发员工的工作积极性，让他们知道，工作并不只是为老板打工，也是为自己打工。当他们变得更强时，未来发展的机会就更多，不要只着眼于当下，也要看到自己的未来。

当然，只有语言还不够，很多人并不在意别人说了什么，而只关心自己能够切实得到的好处，所以要给员工更直接的激励，比如升职加薪。

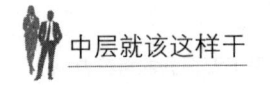

钱经理将自己的部门管理得非常好，他手下的员工工作都特别积极，不需要他去催促，员工们就已经拼命工作了。在各部门的评比当中，钱经理的部门每次都能名列前茅。这让其他的几个部门经理非常羡慕，纷纷询问钱经理是怎么把员工带得这么强的。

钱经理也不藏着掖着，直接把他的经验告诉了他们。他在自己的团队中设置了一项激励措施，就是谁能够更快、更好地完成工作，谁就可以得到一份额外的奖金，这份奖金会从部门评比的奖金里按百分比发放。

听了钱经理的方法之后，其他几个部门经理纷纷表示赞同，因为这不仅和公司发放部门评比奖金的制度十分契合，还可以有效激励员工。于是，其他几个部门也开始效仿钱经理的方法。与此同时，竞争更加激烈了，想要在部门评比中拿下名次，就变得比以前困难了许多。但钱经理有他自己的想法，他认为竞争压力越大，成长的机会越多。他要求手下的员工不能只凭工作时间取胜，要多动脑筋，想出更好的工作方法。方法如果能优化，那工作效率的提升就是成倍的了。谁能够优化工作方法，就给谁多发奖金。

在钱经理新的激励方法下，他手下的员工变得更加积极了，而且不断钻研更好的工作方法，团队整体的战斗力也变得比以前更强。

例子中的钱经理很有方法，他根据实际情况不断调整自己的激励方法，让手下的员工始终保持在积极工作的状态当中，团队也变得越来越强大。

实际上，每个人都有变强的想法，只不过可能因为懒惰或激励不够，不少人在变强的道路上打了退堂鼓。我们作为中层管理者，就要像例子中的钱经理那样，想方设法地将员工心中变强的想法激发出来，让他们为了变强而不断努力。

响鼓不用重槌，快马不用鞭催。如果我们可以通过激励激发员工的积极性，那么我们就不用每天监督他们，也不用为他们不够努力而发愁。而且，他们主动爆发出来的力量，远比我们督促的时候更强。

每个员工其实都有十分强大的潜力，如果平时没有激励，他们的这种潜力可能就会一直潜伏着，别人不知道，可能连他们自己也不知道。一旦我们将这种潜力激发出来，他们就会快速成长、快速变强。

请将不如激将。激励方法到位了，每个员工都有可能成为一匹强大的黑马。我们应该多想想怎么才能激起他们变强的想法，怎么给他们足够的激励。除了升职加薪，也可以根据实际的情况，做出合理的安排，奖牌、表彰这些都是可以尝试的。

一个懂得激励员工的中层管理者，是聪明睿智的。他不用自己去做太多的事情，也不用总是对员工说教。一个简单的激励计划，就足以让员工充满干劲儿。我们与其去责怪员工懒惰，不如多思考一下怎样的激励能让员工干劲满满地去工作、去变强。

第6章
不达目的不罢休的执行力

执行力的强弱是鉴别一个团队是否优秀的重要指标。作为中层管理者，我们要有不达目的不罢休的执行力，并将这种执行力贯彻到团队中的每一位成员身上，带出一支执行力超强的优秀团队。

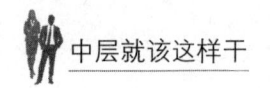

不能执行，一切皆空

执行对于任何工作来说，都是十分重要的。我们可以把一件事说得天花乱坠，把一项工作说得完美无瑕，但只要我们不能执行，说得再好也是空谈。

在工作中，说得好不如做得好。作为中层管理者，我们应该要求员工把工作中的事情做到位、落到实处，拿执行力来说话、拿工作结果来说话。

执行力是团队的生命，同时也是每一个公司的生命。如果我们团队的执行力很强，团队的战斗力就会很强。公司里有很多执行力很强的团队，整个公司的竞争力就会强，在行业中就能战胜对手，获得更好的发展。

现在各行各业的竞争都非常激烈。移动互联网时代的快速迭代让很多人应接不暇，往往一个流行的事物还没有流行多久，新的事物就已经开始冒了出来。速度慢就意味着跟不上时代的潮流，就可能被淘汰。要跟上这样的速度，就得有很强的执行力。一个目标定下来之后，团队要以最快的速度将它执行到位，如果有不完美的地方也没关系，可以一边试错一边修改。

在智能手机刚开始流行时，微信并没有成为人们主要使用的手机聊天工具。那时候，手机QQ的使用率还非常高，其他聊天软件也有人在使用，比如小米的"米聊"。当时，如果有一款手机使用的即时通信软件大火，它将会成为最大的赢家。对于这一点，靠即时通信软件起家的腾讯非常清楚。

于是，腾讯立即成立了专门的部门，研发出了微信，并开始推广。刚开始，人们可以使用腾讯的QQ账号登录微信，微信和QQ是绑定在一起的。当时微信的很多功能还不完善，使用起来并不像现在那么好用。然而，这些不是重点，重点是腾讯的团队立即执行到位，很快就把微信这个产品做出来了。

微信能够迅速火起来，获得用户认可并被广泛使用，很重要的一个原因是它抢在了同类产品的前面，这要归功于腾讯团队超高的执行力。他们很快就将产品做了出来，虽然还有很多瑕疵，但他们并不害怕，他们在推广中不断更新产品，让产品变得越来越完美。因为提前占领了市场，所以用户很快就被微信抢了过来，其他的即时通信软件也无力再和它竞争，纷纷败下阵来。

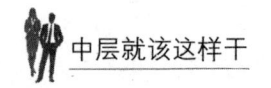

微信的成功就是执行力强带来的成功。如果我们看到了机会,团队执行力却不够,拖了很长时间才把产品做出来,机会可能就被错过了。我们无法预测下一次机会什么时候到来,但我们可以从现在开始提高团队的执行力。

我们要时刻注意培养团队的执行力,要求手下的员工一切以执行到位为准则、以快速将目标实现为准则。当这些理念在他们脑海中根深蒂固,当迅速执行成为他们固有的工作态度甚至是肌肉记忆,一个执行力超强的团队就被带出来了。

就像微信先推出产品,再不断改进产品一样。我们在抓执行力的时候,有时可以适当放宽对产品质量的要求,先把产品做出来再不断将产品打磨好。当然,这里的放宽质量要求,不是说产品质量很差,而是产品具备了主要的功能,其他一些不太重要的部分可以再慢慢改进。如果连主要的功能都没做好,当然是不行的,那样的产品根本无法使用。

我们要把执行摆在重要的位置上,一切以执行为目的。在执行的同时,可以适当放宽一些其他方面的要求,但我们该坚持的原则还是要坚持。作为中层管理者,我们要灵活把控管理的方式方法,提高团队的整体执行力,向领导拿出好的业绩。

及时行动，不惧失败

只靠想法是无法凭空产生价值的，有了想法之后，还要积极付诸行动，才能创造出价值。行动是产生价值的必要条件，相信这是每个人都认可的。

想法并非不重要，它和行动同样重要，二者缺一不可。我们之所以在这里强调行动，是因为大多数人会有各种各样的想法，但总是不能将这些想法变成行动。有人说，睡觉的时候会冒出很多想法，有一千条路想要走，但醒来之后还是会走老路。确实是这样，我们往往想法很多，而行动得又太少。

有两个和尚，一个穷，一个富。穷和尚问富和尚："我准备去南海云游一番，你觉得怎么样呢？"富和尚问他："你有什么条件去南海云游呢？"穷和尚说："我只要带上一个装水的瓶子和一个化缘的钵盂就够了。"富和尚听了立即摇摇头，表示根本不可能："我几年前就打算去南海云游了，还想要买一艘大船，但直到今天还没有行动，因为实在是有太多的事情需要考虑了，太难了，像你这样什么都不准备，简直是开玩笑。"结果过了一年，穷和尚从南海云游回来了，富和尚看到了他，立刻感到很羞愧，这时他才知道，原来去南海云游并没有那么难，只不过他自己没有行动罢了。

故事中的富和尚就是空有一堆想法却没有行动的人，而穷和尚则是有了想法就立即付诸行动的人。有时候，眼前的事情看似很难解决，但只要我们开始做了，就会发现它其实并没有那么难。行动可以产生力量，让我们更有信心把事情做成，这样我们可能就真的把事情做成了。迟疑等待会让我们越来越怀疑自己，认为自己不可能将事情做成，不断给自己负面的心理暗示，这样，即便事情原本可以做成，也在等待和负面的心理暗示下变成了不可能完成的任务。

思想决定了我们的方向，我们应该在行动之前先思考，它要早于行动，而且和行动同样重要。我们如果选错了方向和路，即便行动了，也只会离目标越来越远。我们要重视思考，在行动之前多想想。但"三思而后行"，"三思"过后就是行动，不要不行动。已经思考过了，或者连计划都已经制订出来了，就要赶紧行动，越快越好。

我们可以在行动中不断成长，一边行动一边变得更强大。我们不可能在迟疑等待中收获什么，那只会消磨我们的意志和信心，让我们觉得自己失去了行动的能力。

作为中层管理者，我们要督促自己手下的员工，让他们及时行动。如果团队的行动力弱了，我们就要要求他们快点行动起来。在这个市场瞬息万变的时代，想法对了但行动慢了，最后也只能看着别人取得成功，惋惜自己想对了却没做好。

行动就难免犯错，只有不行动才会永远不犯错。如果员工在行动中犯错了，我们应该根据实际情况对他们进行适当的处罚。犯错和成功往往只有一线之隔，在通往成功的路上犯一点儿错误，这是可以理解的，也情有可原。只要不是原则性的错误，都可以适当从轻处罚。当然，我们也不能鼓励员工犯错，要对他们提出要求以尽量避免犯错，但如果犯错了，也不用害怕，我们并不会盲目处罚。这样一来，员工没有了后顾之忧，在行动的时候也就更有拼劲儿了。

失败也是行动中在所难免的事情，没有人能够一直成功。失败是成功的副产品，它常伴成功左右，但其并不可怕。我们应该看淡失败，专注于总结失败的经验和教训，然后重新找寻成功之路。

如果员工经过很大的努力却失败了，我们应该对他们进行鼓励，甚至可以对他们进行奖赏。失败并不代表一无是处，他们拼搏的精神，他们通过失败所获取的经验，也是宝贵的财富。华为每年都会投入巨额的研发经费，而研发当然会有很多的失败，然而任正非对此却并不在意，

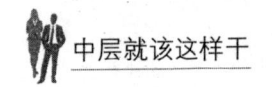

他知道这是成功所必须经历的，所以他对研发人员并不会进行什么处罚。正因如此，华为的研发团队才能够免除后顾之忧，全身心投入研发当中，给华为创造了无数的价值。

我们需要鼓励员工行动，至于行动过程中的错误、失败，都没有那么重要。只要我们能够从中获得经验，它们就是有效的行动，就算不上完全失败。只有迟疑不前才是最不可取的，它会让我们完全止步，最终被别人远远甩在身后。

责任心必不可少

责任心是每个人必不可少的，一个人如果不负责任，那他可能就没有了底线，也就什么事都干得出来。而有责任心的人，会千方百计地把事情做得更快、更好，让自己变得更强，带给团队价值，向周围传递正能量。

想一想，其实我们所做的绝大多数事情源于责任。

我们之所以努力，并不是因为他人的督促，核心原因是要为自己负责，我们有责任让自己变得更好。只有对自己负责的人，才不需要别人的催促就能自己不断努力。而只有那些对自己不负责的人，才可能会消磨自己的宝贵时间去混日子。

我们把工作做好，也是因为在自己的岗位上就有责任把自己分内的工作做好。如果抛开责任，那除了上班时间，除了工作规定的部分，我们可以一点儿都不多做，只保住工作就行了，其他的都不重要。这样的人连自己的能力都没充分发挥出来，他怎么可能是一个优秀的员工？

我们照顾父母、关爱子女、顾及家庭，这些都是因为责任。做好这些事情，并没有人来给我们发工资，为什么我们还要去做，而且做得比有人发工资的事情还要认真？因为我们有责任。

当一个人心中有了责任，不需要任何人督促，他自己就会努力将事情做好，不达目的不罢休，执行力爆表。

某出版社里有几个编辑负责翻译一些外国的作品，其中有一个编辑十分负责，他不仅会翻译作品的内容，还会对作品的内容进行核实。他发现，这些外国的书籍中有很多与事实不符的内容，以及逻辑不通的内容，他逐一进行标注，并附上自己查阅资料之后的结果。

比如，外国人认为青蒿素是西药，其实青蒿素出自中国东晋时期的一部著作《肘后备急方》，是纯中药；外国人认为"碳中和"应该按国家来分配碳排放量，中国十几亿人的碳排放量要和其他国家几亿人的碳排放量一样，甚至更少，这完全不符合逻辑；外国人只提"现代足球"

起源于英国,却不提最早的足球起源于中国古代的蹴鞠,故意把足球分成"古代"和"现代",模糊足球起源和发展的概念,对中国文化进行打压。

这位编辑认真负责的工作态度,很快得到了出版社领导的认可,并对他进行了提拔,让他做主编。领导还要求他做一次演讲,号召全出版社的员工都向他学习。这位员工表示,书籍与其他东西不同,它一旦印刷、出售,可能会一直存于世,影响每一个阅读它的人。因此,对于书上的内容,要格外重视,争取一个错误也没有。编辑工作看似不起眼,实际上十分重要,它把握着文化传承的命脉,要有充分的责任心,半点也马虎不得。

其实,不仅仅是编辑出版行业,在任何的行业中,责任都十分重要。当我们把工作质量放在第一位,我们的责任心就会变强。经过我们手的工作,就要保证它的质量。不去敷衍,也不仅仅是为了拿到工资而工作,这才是我们应有的态度。要知道,我们每个人的价值主要体现在我们做了多少高质量的工作,而不是我们在工作中浑水摸鱼"混"了多少工资。

作为管理者,我们应该注意培养员工的责任心,时刻提醒他们要对自己的工作负责,并用奖励、惩罚等一系列措施鼓励他们要有责任心,勇于承担责任。我们还要以身作则，对自己的工作有责任心，对团队负责，让他们有一个好的榜样。

没有责任心的人，对于事情的成败是不太在意的，他们只在意自己会不会因为这件事而受到惩罚，只在意会不会因此而丢掉自己的工作。如果没有，他们会将事情高高挂起，仿佛这些和他并没有什么关系。这样的人是无法委以重任的，应该坚决批评，甚至应该从团队中清理出去。即便他们没有给团队造成什么损失，他们无形中传播的那种不负责任的思想也会逐渐污染整个团队，最终可能使团队丧失战斗力。

有责任心的员工是要注意给予保护的，他们或许会犯错，或许会有不少牢骚，但这可能是出于他们的责任心，是因为他们对事情太过关心、做得又多，所以才造成了这样的状况。我们要有一双明察秋毫的眼睛，以看出谁是有责任心的员工，并加以鼓励。

作为中层管理者，我们决定着团队的整体素养，我们鼓励什么，什么就会在团队中生根发芽。所以，我们要不断鼓励有责任心的行为，不断强化责任意识，把每一件事情的责任落实到员工的头上，不让逃避责任的人有可乘之机。这样，团队就会成为一个敢打敢拼、敢于承担责任的团队，他们的执行力就会"爆表"，主动性也会"爆表"。

全力出击才能取得成功

成功并不容易取得，有时候需要经历很多曲折、坎坷。正因如此，取得成功需要长久的努力，需要全力出击、一往无前。

有的时候，当我们还有退路时，我们就会有所保留；当我们还有其他选择时，我们就不会全力出击。当我们没有退路也没有其他选择时，我们才会奋力一搏、全力出击。不少成功人士就是在这样的情况下取得成功的，他们身处逆境甚至是绝境，然后放手一搏，最终迎来了转机。

在工作当中，员工不会时刻都处于无路可走的境地，为了让他们全力出击，作为管理者，我们要时刻提醒他们，危机就在眼前。强烈的危机意识能够让员工在工作时全力出击，那样他们的执行力就会特别强。

实际上，危机意识绝不是危言耸听。在当今的市场环境下，危机时刻存在。那些缺乏危机意识的公司，大多数已经倒在了竞争当中，它们用自身的陨落向我们证明危机时刻存在。即便是一个超级大的公司，只要缺乏危机意识，被取代也可能是一夜之间的事情。移动互联网时代就是这么神奇，没有什么不可能，没有永远强大的强者，也没有永远弱小的弱者。

雷军的危机意识就特别强烈。只要用户对小米的产品有不满意的地方，只要小米的市场份额下滑，雷军就知道是因为有些地方做得不够好，该反省和改变了。在小米发展的这些年中，雷军几乎一直在思考这些问题，在小米遭遇危机时，他思考怎样摆脱困境；在小米脱离危机之后，他会想到下一个危机。

一个优秀的管理者，不一定能带领团队走向最大的辉煌，但一般都能够带领团队度过危机。因为他们总是有很强的危机意识，当危机真正来临的时候，他们可以从容应对。而在他们的影响之下，团队中所有的成员仿佛经历过千百次特训一样，在危机来临时心中不慌，并爆发出比平时更强的战斗力，因为那是真正的全力以赴。

不少大公司在创始人手中发展得欣欣向荣，一旦新人来接手，发展就不如以前了。还有的大公司，在遭遇困境之后，会请以前的管理者出山收拾烂摊子，而他们也不负众望，真的将公司从危机中挽救了回来。

其实，新人之所以容易将公司带向死亡，很大一部分原因是其缺乏危机意识，使员工也跟着松散懈怠、安于现状，无法全力做事。而创始人或者老一辈的管理者，他们经历过太多的事情，对于危机和苦难的见解远高于新人，所以总是能带领团队爆发出全力以赴的力量，自然就无往而不利。

作为中层管理者，我们无法决定整个公司的状态，但是我们可以决定自己手中团队的状态，并用这支团队来影响整体。在沙丁鱼群当中放入几条鲶鱼，沙丁鱼就会为了保命而拼命动起来，这就是鲶鱼效应。如果我们能够让自己的团队成为公司里最优秀的团队，一个团队的工作效率甚至能顶两个，那么其他团队会怎么样？他们会担心自己被老板辞掉，也会拼命工作起来，干劲儿大增。

我们让自己手下的员工有危机意识，在工作时全力以赴，比竞争对手做得更快、更好，以取得优势，存活下来。一直这样下去，团队中成员的心志得到了锻炼，能力也得到了锻炼，团队就会成为一支能应对任何情况，同时战斗力强悍的可靠团队。如果还能通过他们影响整体，让整个公司变成一个这样的大团队，那当然是再好不过了。

即便我们的公司已经很强大了，我们的团队已经很强大了，依然要让员工有危机意识。危机从来不会跟我们打招呼，它只会悄无声息地出现，就像一个刺客。我们无法准确预知它何时到来，但我们可以把每一刻都当成它到来的时候。

狮子搏兔亦用全力，无论我们现在是否强大，我们都应该全力出击。将这种思想注入每一个员工的心中，我们就能获得一支时刻保持活力、时刻都能全力出击的优秀团队。

第7章
行之有效的领导力

作为管理者,领导力是其极其重要的一种能力。中层管理者要有强大的领导力,以正确的方式方法领导员工,让他们愿意听从指挥、服从管理。

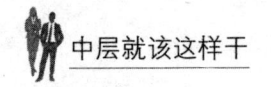

言出必行

管理者要让人信服，自己就要做一个言而有信的人。说话不算数是不可能赢得他人信任的。如果我们对自己手下的人出尔反尔，那么相应地，他们也不会对我们讲信用。凡事都是相互的，我们希望下属讲信用，自己首先就应该做到言出必行、言出必践。

信用对于管理者来说至关重要，当我们在员工眼中是一个有信用的人时，他们就会相信我们说的话。那么，我们不管是给他们安排工作，还是对他们做出承诺，他们都不会有疑虑。只要我们平时说话做事有信用，我们的话就可信，而且有分量。

刚开始我们和员工之间是比较陌生的，那么怎么能让他们知道我们是言出必行的人呢？其实非常简单，就是凡事都说话算数，说一是一、说二是二，这样自然就会在他们心中建立起一个非常可信的形象了。

战国时期，秦孝公任用商鞅，准备在全国实行变法。商鞅很快就起草了一份改革法令，不过他担心老百姓无法信任他，于是想先让老百姓知道自己是言出必行的，新法令也是真实有效的。

商鞅用了一个非常简单的方法：他在都城的南门竖起一根木头，然后颁布了一道命令，说谁能够把这根木头扛到北门去，就可以领到一大笔钱。围观的人听到这个命令之后，都觉得很稀奇，这么一根木头，也没有多重，从南门扛到北门就能拿到那么多钱，这简直就是天上掉馅饼的事情。一开始，人们都不相信这是真的。商鞅见没有人出来，就把赏钱增加了一些。人们还是议论纷纷，过了一会儿，终于从人群里走出一个人，说他来试试。然后这个人就扛起木头，从南门一直走到了北门。商鞅立即将许诺的钱给了那个人，一分都不少。这件事很快就在城里传开了，所有人都相信商鞅是一个言出必行的人，只要是商鞅发出的命令都是绝对真实的。接下来，商鞅就进行了变法，秦国也逐渐走向强大。

商鞅取信于人的方法非常简单，却非常有效。他通过一件事告诉大家，只要是他发出的命令、做出的承诺，他就会不折不扣地执行和遵守，他是一个言出必行的人。只一件事，他就赢得了人们的广泛认可，树立了真实可信的形象。

人无信不立，对于管理者来说，无信是无法进行管理工作的。这就要求我们平时说一不二，只要答应员工的事情就要做到，只要是安排的任务就要执行到位。当我们答应了给员工奖励，却又由于一些原因无法兑现时，我们要表示歉意，并做出同等价值的补偿，一时补偿不上就过一段时间再补偿，总之不能让自己说出去的话不算数。

我们自己平时每一件事都做到了言出必行，那么，我们也就可以用同样的标准来要求自己的员工了。他们看到领导自己都做到了，也就不会有任何怨言，也会跟着去做到。这样，一个言出必行的团队就被我们带出来了。

假如我们的下属当中有人不能言出必行，缺乏诚信，我们可以先给他几次机会，让他有时间去改正错误。毕竟谁都有可能犯错，说到做不到也是有可能的，比如低估了任务的难度、一时无法完成等。我们要视情况具体分析，要看员工自己本身的错误有多大，是客观条件不允许导致他不能做到，还是他主观方面的原因导致没能做到。给员工改正错误的机会之后，如果员工还是说到做不到，那么就应该将其从团队中清理出去，否则他会影响整个团队，让其他员工觉得说到做不到也无所谓。我们自己言出必行的同时，在团队当中鼓励言出必行的行为，处罚说到做不到的行为，整个团队的良好风气就会一直保持下去。

我们要做到任何时候都言出必行，对任何人都言出必行。不仅对手下的员工，对领导、对客户，也都应该如此。对领导，只要是接受了的任务，我们就要按时完成，并保证工作质量；对客户，我们答应对方的要做到，并且要做好，让客户满意。

当我们无论说什么话、做什么事，都能言出必行、言出必践时，我们诚信的形象就立起来了，这会成为一块招牌，让团队的每个人都信任我们，都愿意听从我们的管理和指挥，紧紧团结在我们周围。

赏罚分明

古代将帅在带兵打仗时，赏罚分明是非常重要的一点。因为只有赏罚分明，手下的将士们才能感觉到公平，才愿意为了获得奖赏而奋勇争先。我们在管理团队时，想要团队成员都团结在自己周围，在接受工作和任命时全力以赴，就要做到赏罚分明。冲在前面的、做出贡献的，有奖励；躲在后面的、不认真工作的，有处罚。这就是我们管理者需要做的，这就是领导之道。

要做到赏罚分明，首先需要的就是有明辨是非的能力。在日常生活当中，我们经常看到有人不辨是非，遇到矛盾时喜欢不问青红皂白地"各打五十大板"。这样的行为对于管理来说是非常不明智的，它会让该承担责任的一方逃脱责任，让不该承担责任的一方受尽委屈。如果我们在管理中贪图省事，不去了解事情的真相，只是这样简单地一罚了事，就是我们的失职。

当工作出现问题时，责任应该落实到个人。谁应该承担责任，应该承担多大的责任，我们应该心中有数。如果不清楚，就要先调查清楚。不清楚的时候，宁可晚一点再处罚，也不要因为着急而处罚错误。

奖赏也是同样的道理，我们得知道谁是功劳最大的那个，不能赏错。赏错了，就会让那些不该得到奖赏而得到奖赏的人认为可以投机取巧，而让那些本该得到奖赏而没有得到奖赏的人心中不忿。

郑经理是一个赏罚分明的人，平时在他的团队当中，不管谁犯了错误，他都会处罚；不管谁立下功劳，他都会奖赏。正因为郑经理做到了赏罚分明，所以他手下的员工都对他非常信任，有什么事都会跟他讲，工作上的问题也都会如实汇报。

一次，领导把自己的一个亲戚安排在了郑经理的部门工作。但是，郑经理很快就发现领导的这个亲戚工作不认真，不仅上班的时候经常迟到，还在工作时间偷偷玩游戏。这让郑经理很生气，并立即找他谈了话，表示会对他进行相应的处罚。领导的亲戚却不以为然，对郑经理说，"罚也可以，但如果罚得太重，就会向领导反映"。郑经理根本不吃他这一套，还是按规定扣掉了他的一部分工资。

领导的亲戚看郑经理一点儿都不给自己留情面,便对郑经理怀恨在心,他不但变本加厉,几乎每天都迟到,而且故意不好好工作,以致耽误了工作的进度。他心想,就算郑经理把他的工资都扣光他也不在乎,他就是要跟郑经理对抗到底。

郑经理看他这个样子,心中也明白了大概,便不再给他安排工作。到了月底,郑经理开会通报,说领导的这个亲戚不服从公司的规定,上班总是迟到,还不好好工作,所以他决定辞退他。顿时,所有员工都在心中叫好。领导的亲戚没有办法,直接找到领导,说郑经理故意刁难他。但是郑经理早就和领导汇报了他的情况,并告诉领导,如果这个亲戚一直不守规矩,他这里绝不会留。见领导不帮他,这个亲戚才意识到问题的严重性,但想要继续回去上班也是不可能了。

郑经理这种赏罚分明的行事风格,让手下的员工更加佩服他,平时对工作也更上心了,因为谁都不愿意触犯郑经理定下的规矩,都想拿到郑经理的奖励。

在管理当中,要做到赏罚分明,就不能有人拥有特权。该处罚的就要处罚,甚至连我们自己也不例外。规矩一旦制定,所有人都要遵守。一旦有人拥有特权,那么规矩就会成为摆设,团队的人心也就散了,无法再团结一致。例子中的郑经理赏罚分明,对于犯了错的人,即便是领

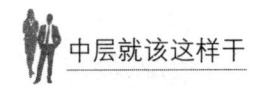

导的亲戚也绝不姑息,这是他能够带好团队的关键,也是他受到员工信任的关键。

一个赏罚分明的管理者,其在团队中自然而然地会建立起威信。我们做到了赏罚分明,员工自然就会知道什么是对的,什么是错的;什么行为会得到奖励,什么行为会受到惩罚,这样,员工也就会根据我们制定的规则来做事,无人敢轻易违背。而当我们制定目标时,所有人会团结起来向着目标前进,并且会有很多人冲在前面。做得好就能有赏,做不好就会受罚,这将是深入人心的观念,它会转变成动力,让团队表现出超高的战斗力和执行力,从而推动整个团队的发展与进步。

重赏之下必有勇夫,惩罚到位则无人违反规则。要使团队团结一致,我们就要对赏罚格外重视,将赏罚制度做好,并确保赏罚的公平性。不过,在赏罚分明的同时,还要根据具体的情况做出一些调整,比如,对于那些足够努力,却因为偶然的因素没能把工作做好的员工,也可以给予适当的奖赏。

我们要重视赏罚,做到赏罚分明,同时要做到具体问题具体分析,这样我们就能真正做好管理,让我们手下的员工真正心服口服,愿意听从我们的指挥,跟着我们做事。

适当授权

一个人的能力是有限的，作为中层管理者，我们不可以凡事自己动手去做，要多依靠手下的员工做事。越优秀的管理者，自己需要做的事情就越少。

我们要想让下属做事，当然要下放一些权力，让他们有权力决定一些事情，这样他们才能在做事时更加灵活。有的管理者不愿意将权力下放，一方面是对员工不放心，另一方面则担心自己把权力下放以后被员工架空。

在给下属授权时，我们要做好三件事，这样就不用担心授权出问题了。

1. 先考察再授权，用人不疑

正所谓"疑人不用，用人不疑"。我们如果要用一个员工，就要非常慎重。在重用他之前，要对他平时的品性非常了解，然后对他进行考察。在考察结束之后，我们自然可以放心地将事情交给他来做，赋予他一定的权力。如果贸然将权力交给一个不熟悉的员工，我们自然不会放心，那是因为我们的准备工作没有做好。我们先考察员工，然后放权，同时本着用人不疑的心态，就可以了。

对于员工，用做事考察是非常好的，因为一个人做事时，他的品性和能力都会展现出来。比如，这个人做事是着急还是踏实，他和别人合作的能力强不强，他做事是不是认真负责，他在困难面前能不能沉住气、打不打退堂鼓。在考察员工时，用一些比较困难的任务效果更好，能够看到员工面临困难时的表现，继而了解得更加全面。

既然是考察完毕后才授权，我们就不要太过担心了。告诉自己用人不疑，然后在其需要做一些小的决策时不去干预，就可以了。

2. 放权而不放任，时刻保持监督

放权不是放任，我们把一定的决策权交给员工，但是也要时刻监督他们的工作。这样一来，我们既可以放心，因为我们知道工作的情况和进度，又不用担心被架空，因为我们有监督和管理的权力。

事实上，我们本来就应该进行监督，不是因为怕被架空，而是因为我们有监督的必要。进行监督是我们的工作，也是我们的责任。如果我们不对员工进行监督，即便他们犯错，我们也不知道，这就很危险了。放权之后，对下属不疑，但不能对下属完全不管，我们要随时监督他们，只不过很少干预他们的行为和决定。只有当发现他们犯错时，才去

提醒和帮助他们改错，以及进行必要的处罚。

3.可以信任但不要过分依赖

我们对员工授权，自然需要对他们信任。如果员工的能力非常强，我们可能会更加倚重他，也习惯把重要的事情交给更有能力的人去做。但是，有一点需要引起我们重视，就是不能对个别员工过分依赖，否则不利于正常的管理。

因此，我们要在团队中着重培养几个有能力的人，让每一个人都可以独当一面，这样，即使其中一个人或部分人离职，团队也可以正常运转。

第8章
万众一心的凝聚力

如果团队能够做到心齐，那么它的战斗力就不会弱。当所有成员心往一处想，劲儿往一处使，其爆发出的力量会非常强大。团队要有这样的状态，需要中层管理者拥有足够强大的凝聚力。

目标是凝聚人心的绝佳武器

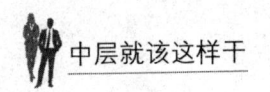

目标是凝聚人心的绝佳武器，一个团队团结一致的特点就是向着同一个目标全力前进。当所有人向着同一个目标前进时，即便那个目标很难到达，它也会变得不再遥远。所有人也会因为这个目标团结到一起，心往一处想，劲儿往一处使。

当没有一致的目标时，团队就像是一盘散沙；当有了一致的目标时，团队就像一支射出去的箭，一往无前。

作为中层管理者，我们应该学会用目标去凝聚员工的心，用目标来让团队爆发出强大的力量。

小张和小刘两个人的工作能力都很不错，可就是平时关系不好。虽然不至于吵架，但在工作中基本没有什么交流，完全像是陌生人。在同一个团队当中，免不了要有合作的时候，经理觉得这样下去不是办法，得让他们团结起来。

于是，经理找了一项工作，准备将这项工作交给他们两个人去做。

经理把他们两个叫到办公室，看着彼此有点嫌弃、中间隔了很远一段距离的两个人说："现在有一项很紧急的任务，需要尽快完成。我想了很久，觉得咱们这个团队里就你们两个的能力最好，做这项工作也合适。我知道你们两个平时谁也不服谁，但是这项工作你们看一下，缺了谁的能力都做不好。我希望你们两个能够以公司的利益为重，这次合作一次。如果以后你们不愿意合作，除非还是像这么特殊的情况，否则我尽量不让你们合作。"然后，将任务计划书给了他们。

两人看过任务计划之后，知道自己一个人不可能完成，需要用到对方的能力。他们两个人一个擅长整理数据做报表，一个擅长做具体的工作，如果能够好好合作，完成这项工作不是问题。于是两人答应一起做。

过了几天，他们完成了任务，并将任务报表交给经理。哪知经理看都没看就说不行，说他们这次任务完成的不行，客户都打电话投诉了，要他们回去补救，让客户满意。小张一听就生气了，埋怨小刘没把工作做好。小刘也不服气，说小张整天就是问他要数据，他哪有时间好好工作。经理批评了他们两个，并要求他们好好合作，不能应付差事。

两人回去重新帮客户做改进工作，为了这次能做好，他们都压着性子去互相提醒一些细节上的问题。小张这才发现，原来小刘工作得很认真，虽然可能有些不太好看的数据，但更加符合实际工作中的需求，对小刘平时不喜欢做报表的情绪也有了些理解。而小刘也在合作时发现，

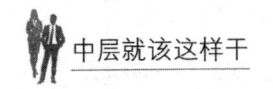

小张不仅要力求让报表更好看，还要回访客户。面对一些客户的百般刁难，小刘也明白了小张工作的不容易。经过这次合作，他们明白了大家都是为了将工作做得更好，彼此的目标都是一致的，只不过表现有所不同。

第二次的工作结果，经理很满意，在经理打电话回访时，客户也表示非常满意。经理表扬了他们两个，说这次合作虽然有些小插曲，但整体还是很不错的，问他们以后还愿不愿意合作。见他们没有拒绝，经理知道自己的目的达到了，就说："那我就当你们两个没意见，以后如果有需要合作的工作，都好好去做，大家在一个团队当中，心应该往一处想，别总是貌合心不合。"

果然，经过这次合作之后，小张和小刘的关系缓和了，合作也越来越紧密。经理还表扬了他们两个，并要团队成员向他们学习，一切以团队利益为重，团结起来共同向着集体目标前进。

当团队有了共同的目标，人心就会凝聚起来。例子中的经理很有智慧，通过一次合作，用共同的目标拉近了两个员工的心，让原本不合的两人变得和睦起来。

在团队当中，哪有什么仇敌，只不过会有一些小摩擦、小矛盾。作为管理者，我们要让下属保持团结，而一个非常好的办法就是用共同的目标来凝聚他们的心。当他们需要合作才能做好一件事时，他们就不得不去合作，而在合作的过程中，彼此更加了解，关系也就变得更加亲密。而且，在共同的目标之下，他们的心就会往一处想，劲儿就会往一处使，自然也就团结了起来。

信任和合作是凝聚人心的最佳方法

团队不是个人逞英雄的地方，而是要互相信任、互相合作的地方。团队的信任和合作可以凝聚人心。一个凝聚力很强的团队，战斗力也不是简单的个人能力叠加，而是可以发生聚变反应，使战斗力成倍提升。

在团队刚刚组成时，团队成员彼此之间还不熟悉，无法做到完全信任。但是，在经历过合作之后，信任感就会越来越强，合作也会越来越紧密。

作为管理者，我们应该知道信任与合作的重要性，时刻注意增强团队成员之间的信任，加强团队成员之间的合作。

信任是比较难得的，也是比较脆弱的，它需要经过很久才可以建立起来，而只需要一下子就可以被摧毁。因此，我们要对信任非常珍视，不能做不利于信任的事情，同时也要避免陷入猜疑当中。

在电视剧《功勋》当中，有这样一个片段。"中国氢弹之父"于敏因为十二指肠溃疡，肚子一饿就会胃疼，而且疼得十分厉害。本来他应该去医院治病的，但是为了不耽误研究氢弹的进度，他没有把这个情况告诉任何人，而是每天偷偷藏一小块萝卜干，胃疼的时候，就吃一点萝卜干。

于敏藏萝卜干的这个举动，被一位同事看到了，认为他这是在偷窃，对他十分不满。同事怀疑于敏的人品不好，在全国人民都很困难的时刻，居然偷东西，对他也不再信任。同事悄悄拿走了于敏抽屉里的萝卜干，结果于敏胃疼的时候找不到萝卜干吃，疼得他受不了。大家赶紧给于敏找大夫，而同事也终于明白，于敏不是人品不好，他只是为了工作进度，拖着病体在工作。

经过这件事以后，同事之间又重新建立了信任。大家都节省自己的口粮，把省下来的东西让给于敏吃。就这样，团队成员紧密团结、相互信任，很快将中国的第一颗氢弹造了出来。

信任是非常宝贵的，特别是对一个团队来讲。相互信任的团队能够爆发出强大的合力，产生一加一大于二的效果，完成很多看似不可能完成的任务。

当团队成员相互怀疑和猜忌时，信任就会瓦解，团队就会分崩离析。

在团队当中，我们应该要求员工有什么话说明白，有什么事讲明白，不要去猜疑。当一切变得公开透明时，猜疑也就不会产生，信任也会逐渐建立起来，并且十分牢固。

除了信任，合作也非常重要。通过合作可以进一步加深团队成员之间的了解，让人心凝聚到一起。曾有人做过成功团队必备素质的研究，结果发现，一个优秀的团队是相互信任的，它并不是因为某个人而变得多么优秀，而是因为团队成员之间合作紧密才变得优秀。优秀的团队，其每个成员都相互信任，团队合作非常紧密，每个人都有安全感，敢于冒险，敢于将重要的事情交给队友。

团队是由很多人构成的，彼此之间观念会有差异、想法会有不同。因此，我们应该要求团队成员之间多一点理解和包容。在合作时，要以任务目标为重，谁的想法有助于实现目标，就应该虚心接受，而不是因为意见不同而互相排斥。

彼此信任才能通力合作，而合作也可以进一步加强团队成员对彼此的了解和信任，这是长期的事情，需要一直保持下去。作为管理者，我们也要做好自己的工作，就是按每个人的实际付出来决定他们的奖励，按每个人的具体错误给出处罚。这个得清清楚楚，一点也不能含糊，不然就会有人受委屈，团队合作就会受影响。

当管理者非常优秀、可以洞察一切时，手底下的员工其实是非常轻

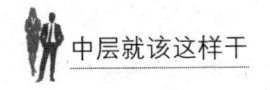

松的，他们不用担心自己的付出被埋没，也不用担心自己受委屈。在这样的管理者的带领下，团队成员合作就会非常愉快，所有人的干劲儿也都会很足。

我们要做这样的中层管理者，带出一个人心很齐、凝聚力很强的团队。任何人进入这个团队当中，都会被同化成团队中的一员，不管他以前是否优秀，团队都能让他变得比以前更优秀。团队会让每个成员的力量都成倍增长，让最后形成的合力变得空前强大。

忠诚是团队成员的必备素质

员工的能力很重要，而比能力更加重要的是员工的忠诚。如果一个员工的能力很强，但是缺乏忠诚，那么他转身就可能会跳槽离开，让公司蒙受损失。

一个员工首先要对企业忠诚，然后才能对团队忠诚。对企业忠诚，除要求员工本身品性好、有感情外，还要求企业文化好，让员工能够认可。一般来说，当一个企业拥有优秀的企业文化时，它本身就有很强大的吸引力，员工的归属感会更强，会更愿意在这里工作。

作为中层管理者，我们对于企业文化可能无法有太多的干预。但是，我们可以将团队管理好，让员工在我们的团队当中产生归属感，这样他们也可以对团队有充分的忠诚。我们将自己团队员工的人心凝聚起来，形成一个紧密的整体，员工也不会轻易离开。

一般情况下，从外面招来的"空降"型人才，归属感并不高，忠诚度也并不高。而一直在公司的人则不同，他们伴随公司一起发展，对公司是有感情的，也更加忠诚。正因如此，很多有智慧的领导更愿意选择自己培养人才，因为自己培养出来的人才真的是自己的。华为为了培养人才，不惜花很大的力气去构建一个人才培养体系。小米在选拔管理层时，80%都是自己的员工，很少选择"空降"的人。

我们在挑选员工时，确实要看重有能力的员工，但只有能力而没有忠诚是不行的。我们要以忠诚度为指标挑选员工，并且平时也要注意培养员工的忠诚度，鼓励忠诚于团队的行为。

最近几年，长江存储让国产存储在世人面前大放光彩，也让国外的存储公司不敢再以火灾、停电等为理由，刻意抬高存储芯片的价格。自从长江存储的芯片取得了良好的应用效果之后，各种存储芯片的价格几乎降到了"白菜价"。以前一千多元人民币的电脑固态硬盘，现在可能只要两三百元人民币就可以买到。用户纷纷为国产存储点赞，支持国产。

长江存储不仅是"能用"的存储芯片,还是"好用"的存储芯片。相比国外的存储芯片,它的结构更加先进,是更高级的存储芯片。它不仅能够降低存储芯片的生产成本,还能够具备更高的存储性能,是真正物美价廉的好产品,符合普通人的需求,能真正给普通大众带来好处。

长江存储之所以这么厉害,就在于它忠诚于自己的祖国,坚持自主研发,用我们中国人自己的智慧去开辟新的构架模型,创造新的产品。

长江存储在发展的过程中一直受到外国的打压和制裁,这和每一个真正的中国企业发展历程一样,都十分艰难。但越是困难,我们中国人就越是拧成一股绳,为自己的国家和民族争气。

在长江存储最困难的时刻,长江存储的员工也是十分忠诚的,他们没有离开企业,而是和企业共渡难关。正因为有一群忠诚的员工,长江存储才能够在国外的打压和制裁之下顽强成长起来,成为我们国产存储的骄傲。

除了筛选,我们要让他们知道,只有忠诚的人才能走得更远,忠诚的人所取得的成功才是更稳固的。没有人会喜欢不忠诚的人,不忠诚的人无法在一片土壤中扎根很深,自然也就很难长成参天大树。

忠诚是宝贵的，我们要选择忠诚的员工、培养忠诚的员工。当这个团队的忠诚度很高时，它就成为了我们的"御林军"，能够委以重任、成为中流砥柱，也能够成为坚实的屏障。

关爱下属是下属产生归属感的重要前提

想要让下属归心，只靠规则是很难做到的，我们应该给予他们足够的关爱。人只有在感受到被爱时，才会有强烈的归属感，才会产生爱的情感。

世界就像是一面镜子，我们给出什么，在镜子里映出的就是什么。人也是一样的，我们怎样对别人，别人往往就会怎样对我们。我们对别人礼貌，别人就对我们礼貌；我们对别人无礼，别人也就对我们无礼；我们对别人关爱，别人也会回报以关爱。对下属关爱，不但能够收获他们的关爱，而且能让他们和我们同心同德，和我们站在一起。

京东这些年发展得一直非常好，京东的服务也受到很多用户青睐。无论是京东快递的配送速度，还是京东客服的售后服务，都属于业内顶尖的水平。京东之所以能够有这么好的服务，和它的员工有很大的关系。京东的员工对京东非常认可，因为他们在公司的待遇很好，能够感受到公司对他们的爱，所以心里都装着公司，工作起来也都非常认真负责。他们优质的服务、良好的工作态度，都给京东加分，使用户对京东的整体印象都非常好。

京东对下属的关爱有很多方面，包括给员工更高的工资、给员工提供好的宿舍、给员工很高的节假日补贴等。

炎炎夏日，气温高得不像话，很多网友戏称"是空调挽救了我们的生命"。在这样的高温之下，如果屋里没有空调，那简直受不了。有的公司可能并不会给员工宿舍配备空调，有电风扇就已经很不错了，可京东员工的宿舍都是配备空调的。有一次，京东的领导发现有的员工宿舍刚建成，还没配备空调，立即要求以最快的速度给每一个员工宿舍都装上空调。第二天，所有的空调就都安装到位了。

在节假日，有的员工会选择不回家过节，留在公司工作。而京东会给高额的补贴，并给员工准备一些过节的食物和礼物，员工虽然不在家里，却能感受到家一样的温暖。

京东给员工的工资高、待遇好、补贴也到位，员工在公司感受到的是满满的关爱。因此，绝大多数京东员工对公司非常满意，也正是这样的一群员工组成了京东团结、高效的团队，使京东竞争力非常强，发展得越来越好。

京东对员工关爱有加,这些关爱也没有白费,它化为员工们对公司的爱,化为高质量、高效率的工作,回报给了公司。

我们想要让员工归心,就要对他们有足够的关爱。这关爱首先体现在工资方面。现实中,有的管理者不愿意给员工开高工资,这其实是错误的想法。只要员工能创造足够的价值,我们就应该给员工足够的工资。这些工资不过是他们创造价值中的一部分,是他们自己赚到的,不应该算我们发给他们的。

除了工资方面的关爱,其他方面的关爱也必不可少。比如,在他们生日时,给他们过生日;节日的时候一起过节,即便在外面也像在家一样温暖;关注每个员工的状态,及时帮助他们、指导他们等。

有些管理者觉得自己只需要负责员工工作中的事情,对于员工的生活不需要去管。其实生活和工作本来就没有一个特别明显的界限,因为它们会互相影响。如果有人在生活中遇到了难题,那他在工作中很难保持和平时一样的工作状态。我们关心员工的生活,帮助员工解决生活中的问题,也等于帮助员工提高工作效率。而相比帮助员工解决工作中的问题,解决其生活中的问题更会使员工会对我们心存感激,使其更能感受到强烈的关怀。

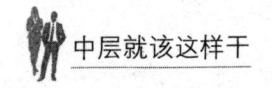

当然，在对员工的日常生活提供关爱时，要注意把握分寸，在我们能力范围之内提供关爱就好，如果是在我们能力范围之外的，也不必强行去做。员工只要知道我们在关注他们的生活状态，并有帮助他们的意愿，就已经很好了。客观条件的无能为力，他们也不会怪我们。

作为中层管理者，我们要时刻注意给员工关爱，这样我们在员工的眼中就是一个非常有人情味儿的领导。他们更愿意跟着这样的领导，也更愿意发挥自己的主观能动性，将工作做得更好。

第9章
无处不在的影响力

管理总会有无法触及的地方,而影响力是无处不在的。优秀的中层管理者会用自己强大的影响力去影响自己的员工,让他们主动变得更加优秀。这样一来,管理就会变得简单许多。

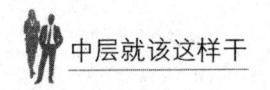

做好自己是具备影响力的前提

影响力对于管理者来说非常重要，当我们有足够的影响力时，员工就会非常愿意团结在我们的周围，听从我们的安排和调遣，服从我们的约束和管理。

影响力强的人，其能力往往很强大，能够令人感到安心。这里的能力不只是指工作方面的能力，还包括很多其他的能力，是一个人整体的能力。当遇到难题时，只要他在，所有人都会感到心安，认为他一定有办法带领大家渡过难关。这就是强大的影响力，它无处不在，时刻影响着周围的人。

我们要注意培养自己的影响力，然后用我们的影响力去影响自己的员工。我们所散发出来的魅力，让员工尊重和信任，也让他们主动配合我们，愿意接受我们的命令。这样一来，我们带团队时就会轻松很多，指挥团队应对困难时也容易很多。

那么，要想具有影响力，应该做到哪些方面呢？

1. 知识渊博，能力可靠

知识渊博的人总是能够给人一种可靠的感觉，当有不懂的问题时，我们更愿意去问一个见多识广的人。

中层管理者一般比普通员工的能力要强一些，这一点不用多说。除此之外，我们还应该注意在平时多学习，多了解公司和行业现状，成为一个知识面非常宽的人。这样，如果员工问我们问题，我们就不会回答不上来。同时我们还要继续锻炼自己的能力，如果员工需要我们在具体的事情上帮忙，我们也能立即去帮助他们。这时，员工就会佩服我们能力强，觉得我们很可靠，我们的影响力就更强了。

2. 直面困难，勇敢无畏

一个影响力强的人需要做到勇敢无畏。我们可以想一下，古往今来，那些有影响力的人物，有哪一个是胆小怕事的，可以说几乎找不到。胆小怕事的人无法成为管理者，因为人们不会信任一个胆小怕事的人，更不会服从他的管理。

我们要有挑战困难的勇气，遇到什么样的难题都不要害怕，更不要临阵脱逃。这样，我们就会像一面旗帜，将员工召集起来，让他们受到我们的影响，也变得无所畏惧。

3. 应对突变，镇定自若

我们不但要有足够强大的能力，还要有很强的应变能力，因为工作不会总是按照预期的那样进行，总会遇到突发状况。在遇到突发状况时，我们如果表现得很惊慌，那我们的下属就会更惊慌。因此，我们自己得镇定自若，即便心里面真的没底，表面上也得不露声色，先稳定住大家的心，然后再抓紧时间想应对的办法。

有人认为，面对突发状况，要有"泰山崩于前而色不变"的胆色。作为中层管理者，我们的一言一行都会被员工看在眼里，我们遇到突发状况时镇定自若，团队才可以保持正常的状态，才能继续解决问题。如果我们慌了，团队也就跟着慌了，问题就很难解决了。

4. 立场分明，原则坚定

在遇到一些事情时，我们不能含糊其词，不能不表明自己的立场。我们的立场要分明，如果员工发现我们的立场不分明，他们可能会觉得我们"和稀泥"，对我们的信任感会降低。

很多事情是不容许有"和稀泥"的想法的，一就是一，二就是二；对就是对，错就是错。我们给出了立场，也就给出了我们的判断。当员工发现我们的判断正确，立场也明确时，他们会更认可我们。特别是当我们坚持原则、敢于说真话时，员工会对我们多一分信任。

5. 耐性强大，坚持到底

努力不一定能够成功，而耐性强大、能够坚持到底的人，往往可以获得成功，只不过是早一点或晚一点的问题。

性子急的人缺乏耐心，也容易在做事时虎头蛇尾，不能坚持到底。如果我们能够磨炼自己的耐心和意志，让自己拥有强大的耐性，并且无论做什么事都能够坚持到底，我们就会拥有一种无形的影响力，让人们愿意相信我们。因为他们看到了我们的坚持，知道我们做事不会三心二意，所以他们相信，只要跟着我们，迟早会成功。

6. 形象良好，稳重自信

良好的形象对管理者来说至关重要。作为管理者，我们是公司和团队的代表，我们的形象会直接影响外界对我们的看法和评价。如果我们整天不注意自己的穿衣打扮，不注意让自己面净发理，就会给别人留下一个随随便便、不负责任的印象。这样的印象会影响我们管理者的权威和团队的形象。

除了外在的形象，我们平时走路、说话、做事，都要给人稳重、自信的形象，不要着急、毛躁。走路要昂首挺胸、龙行虎步，速度不要太快，太快了显得火急火燎；也不要太慢，太慢了显得没有精气神。语速要适中，太快了显得着急，而且别人听不清；太慢了又会浪费时间。说话的声音不要太尖，适当压低声音，可以显得更加自信。做事也要沉稳，不可以做一些让我们显得浮夸的事情。

忠诚让你散发光芒

前面我们说过，员工的忠诚非常重要，我们在选择员工时，应该去挑选那些有忠诚度的员工，这样我们的团队才会更加忠诚，也会更加团结和优秀。对于我们自己来说，我们也要忠诚，这能够使我们更有人格魅力，产生更强的影响力。

标准石油公司曾是美国历史上一家非常强大的石油公司，也是世界上出现最早的、规模最大的跨国公司之一。

在标准石油公司有这样一个故事。一个名叫阿基勃特的普通员工，在标准石油公司里做着微不足道的推销工作。他出生在一个贫穷的家庭，所以特别珍惜来标准石油公司上班的机会。他虽然并不被别人看得起，但他始终坚持了解公司的情况，包括成本费用、利润率、经营状况、股票状况等。虽然这些内容看起来和他的推销工作没有联系，同事们也会嘲笑他多此一举，但他依旧按照自己的想法去做，从没有停止学习。

阿基勃特还有一件让人感到很奇特的事情，就是他每次在需要签名时，都会在自己的名字后面加一个括号，里面写着"标准石油每桶4美元"。"标准石油每桶4美元"是标准石油公司的一个宣传口号，一直被使用。而阿基勃特将这个口号写在自己的名字后面，就表明他是标准石油公司的员工，并且时刻在宣传标准石油公司的产品。时间久了，几乎人人都知道阿基勃特会那样签名，而他也干脆不再写自己的名字，直接用"标准石油每桶4美元"来代替，而他的同事也给他取了个绰号，叫他"每桶4美元"。

后来，这件事传到了公司创始人洛克菲勒的耳朵里，他便邀请阿基勃特一起吃饭。在吃饭时，他问阿基勃特为什么要用"标准石油每桶4美元"来签名。阿基勃特表示这很正常，因为这是公司的宣传口号，他多写一次，就等于多为公司做了一次广告。

洛克菲勒对阿基勃特表示赞叹，因为他的行为坚持了好几年，这足以说明他对公司十分忠诚。于是，洛克菲勒开始栽培他，并在几年之后卸任时，将董事长的位置交给了他。这个决定出乎所有人的意料，因为洛克菲勒居然没有将公司交给儿子，而是给了一个外人。但洛克菲勒的这个决定是非常正确的，阿基勃特没有辜负洛克菲勒的期望，带领标准石油公司创造了新的辉煌。

对公司忠诚，一方面能够显示出这个人的品质很好，另一方面也说明他爱公司，爱自己的这份事业，因为爱所以忠诚。例子中的阿基勃特就是对标准石油公司有强烈的爱，所以才那么忠诚，一切都为公司着想。相信每一个爱公司的员工都会认可他，并从他身上看到光芒。

我们应该对公司有足够的忠诚，这样我们才能够被领导信任，也被下属认可，我们的影响力会变得更强，因为我们的信念能够引起他人的共鸣，我们对公司的爱会形成强大的感召力。

榜样的力量是无穷的

古人说："其身正，不令而行。"意思是如果当一个人的品行很好，一切行为都正大光明，那么他手下的人不需要他去命令，就都愿意听他的，愿意按照他的想法去做。有一句话叫"榜样的力量是无穷的"，正是这个道理。

作为中层管理者，我们应该努力成为下属的榜样，让他们看到我们是怎样努力工作的，是怎样以团队和集体利益为重的。当下属看到这些时，即便他们自己现在无法做到，也会向我们学习。于是，整个团队的风气就会很正。

很多时候，管理者的个性能够决定整个团队的个性。这是因为下属会在无意之中去迎合管理者、模仿管理者。他们以管理者的喜好和要求为准则，以管理者的行为做榜样，所以团队会向管理者"趋同"。因此，作为中层管理者，我们更有责任和义务给自己手下的员工带个好头，做个好的榜样。

说到雷军，大家都不会感到陌生，他无论在以前的金山公司，还是在现在的小米公司，都是一个非常著名的"工作狂"。他不像其他大公司的领导那样有架子，平时就像是一个普通员工，工作起来风风火火，不知疲倦。

在金山的时候，雷军就是出了名的工作起来废寝忘食。到了创立小米公司时，更是不得了。他到处找能人加入自己的公司，为了把人才留住，他能在对方那里一直拉着人家聊天，一聊就是一整天，连吃饭都是叫外卖。一开始对方可能对雷军的邀请并不是很感兴趣，但看他这么真诚，而且工作起来这种"疯魔"的样子，就像是能成大事的人，于是便决定加入小米。一开始，小米没什么名气，能够找来人才，基本上是靠雷军这种强大的个人魅力。

雷军自己工作都那么拼命，手底下的员工自然也跟他一样，工作起来像是"疯了"一样。为了能把一件产品做得符合用户的期待，他们能在小米的论坛上和用户们聊到"天荒地老"。为了能把小米手机的系统做得更加人性化，从雷军到小米的员工，很多人在使用小米的手机和小米的系统，一旦发现问题，他们自己就能知道，毕竟自己使用过才知道到底好不好。

为了把产品做得更有性价比、更结实耐用，雷军会亲自操刀，制定产品的一些标准，并且总是在发布会上，将产品的特性展示给大家看。比如，他会拿着手机让它跌落在地，向大家展示手机的抗摔性能。

雷军工作上非常卖力，对于自己的形象就没那么在意了，当然他一点都不邋遢，只不过不像其他人那么有"派头"，更像一个普通人。有一次，他出门匆忙，没有带自己的工牌，结果公司的门卫不让他进门。雷军没有办法，最后只能给行政主管打电话，让行政主管过来接他，这才被门卫放进去了。这虽然像是一个笑话，但正说明了雷军重视工作，不太在意其他事情，所以他根本就没有老板的架子，就像普通员工一样。有这样务实的老板，当然也就会有一群务实的员工。

在行动方面，雷军雷厉风行。无论做什么，他总是能快速将事情做好，从不拖拖拉拉。相约去一个地方，或者开会，他也总是能够提前到达。在他的影响下，小米的所有员工不知不觉就都跟着变得工作效率高了起来。

在很多方面，创始人做得特别好，然后，所有管理层的人都以他为榜样，所有普通的员工又以管理层的人为榜样，整个公司的风气自然也就好。员工们都以雷军为榜样，工作时干劲儿十足，工作效率极高，做出来的产品也是性价比十足，小米也成为深受用户喜爱的高性价比产品的品牌代表。

作为中层管理者，我们无法做到像高层管理者那样能影响整个公司。但是，我们可以努力成为我们团队的好榜样，让自己的整个团队变得优秀，继而影响公司的整体。公司中特别优秀的团队会影响其他团队，形成一种榜样的力量。

我们要对自己严格要求，只有对自己严格要求，才能做得更好，真正成为下属的榜样。很多人之所以工作做得不好，可能不是因为他们的能力有多差，而是因为他们容易对自己放松要求，所以就变得懒散，工作效率不高。我们要对自己严格要求、做事干净利落，让整个团队的工作态度逐渐统一，让每个人以我们为榜样，逐渐提高工作效率。

我们还要尽可能让自己身上有更多优秀的品质，这样一来，我们成为下属的榜样之后，他们能够从我们身上学到的就更多，团队就会更优秀。比如，我们要让自己保持学习和进步，要让自己做到处事公平合理，要多帮助员工，要时刻以团队利益为重等。

我们让自己成为下属的好榜样，并不断让自己拥有更多的好品质。行胜于言，我们不需要说太多，只要我们做到了，员工就会以我们为榜样，会跟着做得更好。那么，我们所带领的团队就变得更加优秀了。

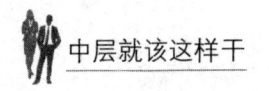

让下属感激你的知遇之恩

知遇之恩是非常难得的，也是人人都非常看重的。一句"你懂我"，往往是我们对他人最高的肯定。如果作为一个管理者，我们能够让员工感觉我们很懂他，把合适的工作岗位安排给他，让他充分发挥他的个人才能，他们就会感激我们的知遇之恩，继而紧紧围绕在我们周围，愿意听从我们的管理，工作时也会格外用心。

当员工感激我们的知遇之恩时，我们的影响力会有所提高。在他们的心中，我们说的话会很有分量。可是，要让员工感激，我们要做得更好，要清楚了解每个员工，知道他们的能力，知道他们心里的想法，还要把合适的工作安排给他们，并在他们情绪不好时安抚他们的情绪。我们要做的有很多，而且每一个点都马虎不得。

很多大公司愿意自己培养人才，不愿意从外面直接挖人才，原因和知遇之恩也有关系。如果我们从基层逐渐培养起来一个人，那么，他就会感激我们对他的赏识和栽培，对我们有一种知遇之恩的感觉。他们在我们这里成长，在我们这里变得更优秀，自然就有从外面直接挖过来的人那里没有的情感。他们更愿意为公司付出，不会因一点风吹草动就选择离职。他们的归属感更强，对公司的感情也更真挚。

某公司的一个中层管理者是该公司的核心成员，董事长会将一些重要的事交给他去做，对手公司就想将这个人挖走。可是，连续找了这个管理者几次，也开出了很高的条件，他还是不为所动。这让对手公司感到十分不解，不知道到底为什么这么高的条件还能被拒绝。

面对几次碰壁，对手公司并没有停止行动，以为只要次数多了，这个人就会动摇。然而，他们失策了，对方就是油盐不进，多高的条件都无法让他改变主意。

为了避免对手公司继续来找自己，这个管理者向对方讲述了自己的成长经过。

他以前是一个没有工作的人，到很多家公司应聘，都因为他的条件普通而拒绝他。有一次，他到这家公司来应聘，正好公司的董事长也在。董事长就顺便问了问他的情况。他回答说，能力方面并没有什么突出的，不过他做任何事都特别认真，会将领导安排的事情做得很到位。经过谈话，董事长感觉他这个人还不错，就把他留了下来，并说公司就需要这样踏踏实实、认真做事的人。对于董事长能够留下自己这件事，他十分感动。

在今后的工作当中，他确实也踏踏实实工作，对每一项工作都特别认真。虽然他的能力不算很出众，但是因为认真，他的工作做得比别人好不少。就这样，他逐渐成了一个中层管理者，而且深受董事长青睐。

董事长认为，一个人做事认真，有时候比能力出众还重要，所以就喜欢将一些重要的事情交给他来做。他非常感激董事长的信任，感激董事长的知遇之恩，所以每次都尽最大的努力，将工作完成好。

最后，他告诉对手公司，如果他们把他想成是一个能力特别优秀的人，想把他挖走，那就想错了。之所以很多重要的事情让他来做，是因为董事长信任他，而不是他的能力有多么强。他们不必再把时间浪费在一个能力并没有那么突出的人身上，而且他也不会背叛公司。

例子中的那个管理者从普通员工开始，就受到了董事长的赏识，他非常感激董事长的知遇之恩，所以对公司也无比忠诚，别人想要挖他都挖不走。

我们也要特别重视对下属的了解，从一开始就要了解他们，指引他们发展的方向，让他们知道我们是懂他们的，让他们明白，是我们帮助他们成长了起来。这样一来，他们就会非常感激我们的知遇之恩，对我们非常忠诚。

当然，知遇之恩不是只懂他们，还要给他们安排合适的工作，让他们的特长有发挥的空间。我们平时要留心细节，注意每个员工的性格特点、能力特点、工作喜好等，将他们安排到合适的岗位，给他们分配合适的工作任务。这样才能将"懂他们"贯彻到底，才能让员工对知遇之恩有更深刻的认识，他们才会更愿意对公司忠诚，辛勤付出而不计较个人的得失。

当我们的团队成员都感激我们的知遇之恩时，我们就对团队有非常强大的影响力。团队也会变得特别有主观能动性，不需要我们去催促，也不需要我们管理太多，员工们自己就向着更好的方向去发展了。

第10章
与时俱进的创新力

创新是当今时代的主流,想要跟上时代的步伐,甚至引领时代的潮流,就应该有与时俱进的创新力。中层管理者不仅自己要有创新力,还要让每一个员工有创新力。

创新是当今时代的主流

创新对于今天来说无比重要，在各行各业，创新从来没有停止过，几乎每天会有创新的内容冒出来，每天会有新的潮流。网络上的热点一会儿一变，行业中的焦点也一会儿一变。我们正处在一个瞬息万变的市场环境中，谁能够创新得更快，创新得更好、更合理，谁就具备更大的优势，就能引领潮流，成为下一个风口上的强者。

创新并不一定需要一下子改变非常多，我们有时只需要改变一点，就能算是一个创新了，而且有可能带来巨大的行业震动。不要把创新想得很难，它有时候特别简单，有时只不过是一个用户痛点我们看到还是没有看到、解决还是没有解决而已。它难不一定难在本身，而在于有些人没有具备一双发现用户痛点的慧眼。

海尔在白色家电领域一直有很好的口碑，很多用户信任海尔，也愿意购买它的产品。在创新方面，海尔一直做得非常好，它的产品会根据用户的需求来设计，当用户有不同的需求时，就会有相应的产品设计出现。这种时刻跟随用户需求去创新的理念，让产品受到用户喜爱。

有一个非常经典的案例，是关于海尔的洗衣机的。有一个地区的负责人发现，这里的用户经常会遇到洗衣机排水管堵住的问题，他以为是产品出了问题，于是就去亲自了解了一下。结果他发现，并不是洗衣机的质量有问题，而是这里的用户大部分是农村人，他们这里有种土豆的习惯，而很多人为了省力，会用洗衣机来洗土豆。洗衣机原本是为洗衣服设计的，排污能力和衣服上一般会有的脏东西相匹配，并没有排出那么多从土豆上掉下来的泥块的能力，所以排水管会被堵住。

如果换了其他公司，可能一句用户使用不规范，就把问题放一边不管了。可海尔时刻以用户需求为重，立即着手设计，很快就设计出了一款排水管更大、功率更强、可以用来洗土豆的洗衣机。这款洗衣机设计出来之后，在当地的销量立刻大涨，很多用户对这款洗衣机赞不绝口。

还有一个地区，用户平时洗衣服特别频繁，对洗衣机的要求是小一点，方便经常使用。海尔就又设计出了一款比较小的洗衣机，使用方便，用水量和用电量都不高，适合一个人用。现在当然有很多这样的洗衣机，但在以前，这种洗衣机并不多。海尔的一个创新让它的产品更受用户喜爱，销量也因此不断上升。

海尔以前有一句口号："创新思路做精品，不换脑子就换人。"对于创新，海尔是特别重视的。也正因如此，海尔总是能够抓住用户的痛点进行创新，设计和生产出受用户喜爱的产品。再加上海尔的产品质量好，售后服务也好，这才让它在白色家电领域一直受用户青睐，这么多年保持在领先地位。

创新是这个时代的主流，谁能够发现用户的痛点，并快速创新，让产品更符合用户的预期，谁就能够成为用户最期待的一个品牌，谁就能够快速用新产品抢占用户的认知、抢占市场。

作为中层管理者，我们要多关注市场的变化、用户的反馈，了解最新的内容，知道用户的痛点和预期，然后创新自己的产品。

世界著名管理顾问詹姆斯·莫尔斯曾说："可持续竞争的唯一优势来自超过竞争对手的创新能力。"在如今这个求新求变的时代，只有创新才能让公司更有竞争力，更能接近成功、取得成功。作为中层管理者，我们应该时刻提醒自己要有创新意识，能够根据社会的变化、市场的需求，为公司的发展提出有建设性的策略和意见，推动公司在日益激烈的市场竞争中不断前行。

想要有真正长足的发展总是离不开创新，那些通过模仿他人来创造业绩的公司或许可以暂时取得一定的成绩，但是无法永远站在与竞争对手相同的位置上，而且很容易被淘汰。跟在别人身后走的人永远只能踏着别人的脚印前行，只有自己开拓创新才能让自己获得成功。创新不仅是对公司的要求，也对我们每一个中层管理者的要求。

作为一个中层管理者，我们能够做得或许没有上层领导那么多，但我们可以做我们能力范围内的创新，并将这些新想法向更高层的领导反映，帮助公司不断创新。这样，不但我们自己对创新的敏感度以及我们的创新能力会有所提升，而且整个公司会因此而发展得更好。

让自己具备创新思维

创新需要用行动来说话，需要拿出产品让人知道你确实创新了。但在这之前，你需要有创新的思维。如果我们没有创新的思维，一方面，我们会因循守旧，缺乏创新的意识；另一方面，我们虽然想要创新，但是总是找不到创新的点，最终无法创新，或者只在表面上创新了一下，并不是让产品或服务变得更好的创新，没有起到创新的作用。

想要有创新的思维，我们除了平时多了解市场、多对用户的想法做调查，还要锻炼自己从不同角度思考问题的能力。当我们习惯了从不同的角度去思考问题时，我们就具备了创新的思维。要知道，一般人总是习惯站在自己的立场看问题，或者习惯站在一个角度看问题，思维比较固化。当我们换个立场、换个角度，我们的思维就灵活起来了，创新的

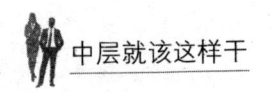

思路也就有了。

有一个盲人坐在路边,前面放着一个乞讨用的碗,还竖着一个牌子,上面写着"我是一个盲人,请大家帮帮我。"但是,愿意帮助盲人的人并不多,一整天下来他也收不到多少钱。

一个中年人看到这种情况,说他可以帮盲人将牌子上的话改一下,让更多的人愿意帮助他。盲人决定让他试一试,结果发现愿意帮助他的人果然变多了,他每天能够收到的钱比以前多了很多。

当这个中年人再一次来看他时,盲人忍不住问中年人到底在牌子上写了什么。中年人告诉他,牌子上写的是"今天也是美好的一天,可我却看不见它。"

在这个故事当中,盲人用直白的话表示自己是个盲人,需要别人帮忙,这是非常正常也非常常规的思维。中年人换了个方法来表达,说今天很美好,盲人却看不见它。这句话不但让人能够感觉到盲人的积极乐观,觉得今天很美好,还能让人为盲人感到惋惜,因为他看不到这美好的景象,继而生出同情之心。相比于一开始盲人很直白地请求大家帮助,这句话的效果显然更好。

一个非常简单的创新思维,就能够让事情产生重大改变。因此,我们要非常重视这种思维，并在工作中不断运用这种思维。

当各种品牌的智能手机在世界各国销量非常高时，我们很少关注一个品牌的手机——传音手机。可能很多人根本没有听说过这个品牌的手机，但它却拥有非常庞大的市场，只不过这个市场在非洲。

传音手机是深圳传音控股股份有限公司（以下简称传音控股）的产品，传音旗下不仅有手机，还有数码配件和家用电器，其中手机的销量是最高的。早在2018年，传音控股就是非洲手机市场的"老大"了，市场占有率有48.7%。2022年，传音控股在非洲智能机市场的占有率超过40%，排名第一。在南亚，其在巴基斯坦智能机市场的占有率为37.9%，排名第一；其在孟加拉国智能机市场的占有率为21.5%，排名第一。据传音控股发布的2022年公司业绩，其实现营业收入465.96亿元人民币。

传音控股的手机之所以能在非洲获得成功，在于它的一些手机是专门为非洲人开发的，是在智能手机方面搞了一个小小的创新，而这就使它的手机与其他智能手机完全不同了。我们使用的手机，如果自拍是完全没问题的，但如果非洲人自拍，就有问题了，特别是晚上的时候，如果非洲人自拍，可能是一片漆黑。传音手机用它的技术解决了这个问题，让非洲人自拍也能拍出很好的照片，并且不惧黑暗。正是这样的不同，让其他手机品牌在和它的竞争中败下阵来，让它成为非洲人首选的手机品牌。

　　传音手机能够在非洲大获成功，离不开它的创新，产品是为人服务的，用户有什么样的需求，我们就创新出什么样的产品，这才是企业的创新之道，也是占领市场的不二法门。

　　创新让世界发生了翻天覆地的改变，而未来的发展点在哪里，需要我们继续思考。但应记住，我们的创新思维是了解用户的痛点、想到未来发展的方向，从而把握住未来。

　　无论我们身处哪个行业，在中层管理者的位置上，我们就应该多想一点、想得深入一点，在立足当下的同时，尽可能地抓住未来，用创新的思维拿下未来的市场。

充分激发下属的创新力

　　一个人的能力是有限的，一个人的智慧也是有限的。作为中层管理者，我们不能只顾着自己创新，要充分激发下属的创新力，将他们的智慧充分调动起来，用众人的智慧更好地做到创新。

普通员工对于创新的敏感度，有时候比领导层更强。原因在于他们经常接触的是最基层的工作，他们更明白哪里需要改进。而且，他们也是和用户接触更多的员工，知道用户的痛点在哪里。我们应该在遇到事情时，多询问他们的意见，充分利用他们的创新思维解决问题。这样一来，他们会在我们的带动下，多想问题、多思考，他们的创新能力也就被调动起来了。我们再鼓励他们平时多思考、多创新，对有创新的员工进行表扬和奖赏，就会逐渐在团队当中形成一种创新的风气。

有一家酒店的生意特别好，来这里住店的人总是很多。虽然酒店因此赚得盆满钵满，但是有一个问题也摆在了面前，那就是电梯的数量不够。为了能够让入住的客人有更好的体验，不至于上下楼都很麻烦，酒店决定再加装一部电梯。

专家在看过酒店的格局之后，觉得要想安装一部新的电梯，需要将每一层楼都打一个洞。不过，这样的做法不太安全，有许多细节需要注意，非常麻烦。但是，现在也顾不了麻烦了，急需要拿出一个安全的方案。专家在酒店里仔细观察每一个需要注意的建筑细节，并且抱怨这项工作太费脑筋。

正在专家抱怨时，旁边的一个清洁工问他："为什么要在每一层都打一个洞，不能将电梯装在外面吗？"清洁工的一句话让专家茅塞顿开，

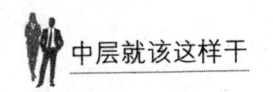

确实可以将电梯装在外面，那样不仅不需要在楼里打洞，还能将这个酒店的繁华展示给外面的人看，大家看到每天上下电梯的都有很多人，也就更愿意来这里入住了。

于是，在清洁工的提醒下，专家想通了，并做出了历史上第一部室外电梯。

创新的思路有时候特别简单，只不过我们没有想到而已。例子中的清洁工是一个基层员工，对于如何设计电梯，他一点儿都不懂。但就是这样一个人，却提供了非常好的设计思路，让专家能够设计出全新的电梯。

我们永远不要小看普通员工的创新能力，他们的创新能力有时候特别强。他们无心的一句话，有时候能够给我们提供非常好的思维角度，让我们找到突破口。一个优秀的管理者，是善于倾听员工的意见和想法的，这些也是他创新思维的重要来源。

我们不仅要经常倾听员工的想法和意见，利用他们的创新能力解决我们的问题，还要充分激发员工的创新能力，让他们自己用创新思维解决问题。为此，我们应该注意以下三个方面。

1. 让员工对自己的工作结果负责

当员工需要对自己的工作结果负责时，他们就会想方设法地将工作做得更好。此路不通时，他们就会想到别的路。这时，他们的主观能动性就被充分调动了起来，他们的创新能力也就被激发了出来。

需要注意的是，当员工有创新时，为了鼓励他们这种创新的精神，我们可以适当修改一下奖惩的力度。当员工通过创新取得成就时，我们可以提高对其的奖励力度，而对通过创新却没能成功员工适当减轻处罚的力度，以此来鼓励员工创新。

2. 鼓励下属质疑现状

有些管理者在面对员工的质疑时，表现得很不耐烦，仿佛员工的质疑是为了让他难堪，是跟他过不去。这种想法是非常要不得的，它会扼杀员工的创新精神。所谓的痛点，就是对现状的不满意。如果不让员工质疑现状，让每个人都安于现状，那就不存在改变，也不存在创新了。

当员工对现在的状况不满意并有所质疑时，正是鼓励他们发挥自己的聪明才智去解决问题、去创新的时刻。我们要将质疑看成是创新的契机，是员工在付出他们的思想和智慧。我们要肯定员工合理的质疑，鼓励员工大胆质疑，但同时也应该要求他们认真思考，将质疑的问题想办法更好地解决掉，不能只提出问题而不想办法解决问题。

提出问题、解决问题，创新的思路就有了，思维也得到了锻炼，员工就会变得更加优秀。

3. 给下属一定的决策权

作为管理者，我们将权力适当下放很重要。当员工可以自己决策时，

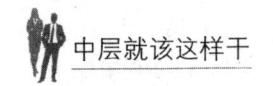

他们就要考虑到更多的情况，因为他们需要为结果负责，需要应付意外的状况，需要将事情做得更好。而在只听命行事时，他们就不需要考虑那么多了。

我们将决策权交到他们手中，也就将更多的可能性交给了他们。他们会为自己负责，并发挥出自己的能力，用自己的方法解决问题，此时，创新也就更容易做到了。

让创新成为团队的文化

团队文化会对团队中的每一个人产生很大的影响，而且这种影响是潜移默化的，几乎没有人能够抵挡这种影响。因此，作为中层管理者，我们要特别注意团队文化的建设，用好的团队文化来影响团队的全体员工。当创新成为团队文化的一部分时，所有员工都会积极创新，创新就成了刻在他们思想里的一种潜意识，整个团队的创新能力也会因此变得更强。

正所谓"先动脑，后动手"，一个有创新文化的团队，在遇到问题时，首先想到的会是方法，看在方法上能不能有所创新，从而省力且能做得更好。每个人在接到工作任务时，第一个想的会是该如何做，有没有一种做法能更快地解决问题，想好了之后再着手去做。若他们找到了更好的方法，当然会做得更快更好；即便没有找到更好的方法，其思维也得到了锻炼，各方面的知识也运用得更纯熟。

比亚迪这些年在电动汽车领域可以说做得非常好，在全球的销量也迅猛增长。比亚迪之所以能够如此强大，绝不是一些人所说的贩卖"爱国情怀"。实际上，不仅是比亚迪，几乎所有的国产品牌，都是依靠创新和质量取胜的，而不是"网络水军"们所说的贩卖"爱国情怀"。而且，爱国情怀本来就是好事，是应该发扬的，而不应该被诋毁。

比亚迪这些年在电动汽车领域不断创新，申请了数量众多的专利，比如，刀片电池、DM混动、CTB电汽车身一体化，还有四方、云辇……比亚迪不断创新，使它的电动汽车在质量方面非常好，在价格方面也更加优惠，成为很多中国人购买电动汽车的首选。现在比亚迪汽车遍布全球70多个国家、400多个城市，得到了全世界的认可，这是它努力创新的成果。

在近几年全球经济不景气的情况下，比亚迪不仅没有停止发展，反而逆势崛起。它在研发方面进一步加大投入，在2023年招收了3.18万名高校应届生入职，其中硕士和博士人才占了61.3%，研发类岗位占到了招聘总岗位数的80.8%。由此可见，对于研发和创新，比亚迪几乎是倾尽全力的。

比亚迪公司对员工参与技术交流和知识分享十分重视，对于每个员工的创新也都非常尊重，将每一个员工都当成创新的重要一环。在公司重视创新的影响下，比亚迪的每一个员工都有创新思维，创新已经成为比亚迪的一种团队文化，并融入每一个人的血液里。

不仅研发团队的人在努力创新，就连普通岗位的工人也会动脑筋、想办法把工作做得更好，让工作方法更快捷，这样的企业怎能不引领世界潮流呢？

其实，只要真正用心工作，每个人都会有一些创新的想法。当我们在工作中遇到问题时，我们就会去思考，这是很正常的。有些缺乏创新的公司，主要是其将员工的创新精神扼杀了，不允许他们去创新。

作为中层管理者，我们要注意维护员工的创新意识，让创新成为团队的文化。人不怕想法错误，怕的是什么想法都没有，没有想法，创新也就无从谈起。所以，要从细节做起，鼓励员工有自己的想法，有自己的想法就会有创新精神。

当员工对一件事情好奇时，我们应该给他们讲解，并鼓励他们去探索，而不是对他们不耐烦；当员工对一件事情提出意见时，我们要认真听取，理性分析，而不是对他们进行批评，甚至不允许他们提意见；当员工因为创新而遭遇挫折时，要给予帮助，而不是冷嘲热讽。

物理学家王业宁说："要创新需要一定的灵感，这灵感不是天生的，而是来自长期的积累与全身心的投入。没有积累就不会有创新。"普通员工的能力较为有限，需要通过学习知识培养他们的创新能力。我们可以在这方面加大投入，为员工提供学习机会，通过学习来培养一支有创新力的团队。

团队的创新文化是在点点滴滴中培养出来的，是在每一个细节中长期打磨出来的。我们要打造一个好的、有利于创新的环境，为员工提供一个轻松、舒适的工作氛围。这样有利于员工放松身心，从而能更敏捷地进行思考，培养其自身的创新力。我们应该时刻注意保护员工的创新精神，在团队中鼓励不同的想法、不同的声音，而不是凡事一刀切。

当我们真正做到保护创新、鼓励创新，然后坚持下去时，团队就会变得有创新精神，创新的文化也就慢慢形成。

第11章
向上无止境，卓越是本能

当你对现状感到满意时，或许就是堕落的开始。人生是没有止境的，应该不断向上攀登，去跨越更高的山。追求卓越应该变成一种本能，去学习、去提高境界、去变得更强。

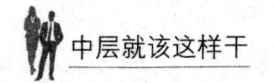

付出才有成长

付出是一种智慧，一个人没有付出的精神，是很难将团队带好的。在团队当中，如果团队成员都认为他们的领导不肯付出，凡事都只想着自己，凡事都多吃多占，有好处自己拿，有黑锅让别人背，这样的团队会有战斗力吗？我想不会。领导为团队付出很多和领导只想着自己、完全不肯付出，这两种情况下，团队的战斗力往往是天差地别的。

有的人认为，工作是在为老板打工，但真相是我们在为自己打工，如果你自己创造的价值更大，得到的自然也就会更多；反之，你工作不努力，总是混日子，得到的自然就很少，因为你没有创造出价值。带团队也是如此，不要觉得我们是在为团队服务，其实我们是在为自己服务。团队强大之后，创造的价值变得更多，整个团队都会受益，当然也包括我们管理者。团队弱小，整个团队的收入也会跟着降低，我们自然也不例外。因此，我们对团队的付出不会是白白付出，我们在为团队工作，也在为自己工作。

当然，在付出之后，除了我们的团队成员会更加认可我们、服从我们的管理，使团队更加团结、更加强大，更重要的一点就是，我们的经验会增加，我们的能力会增强，我们在付出中得到了很好的锻炼。

一个人如果不付出是很难成长的。我们付出的过程，其实就是我们成长的过程。付出是一种练习，付出之后，我们可能会有很大的进步。如果这样去看待付出，那么一路上的艰辛就不再难以接受了。

小李是某公司的一个部门经理，领导将一份任务交给了他的团队来做。小李还是第一次接到这样的工作任务，所以心中有些忐忑，担心自己做不好。接下工作之后，团队成员有的开始抱怨，说经理这个任务接得不好，完全是给团队找了个麻烦，他们都没有做过这么难的工作任务，现在突然要他们来做，根本做不好。

时间紧、任务重，小李也能够理解团队成员的小情绪，而且他们只是在私底下发发牢骚，并没有当着小李的面说什么，小李觉得这也算是给他留面子了。他一方面督促团队努力去做，又承诺做不好也没关系，责任由他来承担；另一方面全力以赴，把自己当作普通员工，到一线的工作岗位上做事。为了把工作尽可能做好，小李不但起早贪黑地加班，而且努力协调其他部门帮助自己的团队，给团队尽可能创造更好的工作环境。

大家将经理的付出看在眼里，也不再抱怨了，而是全力投入工作当中，尽力把工作做好。经过一段时间的艰苦努力，小李终于带领团队将工作完成了，虽然没有做得特别好，但整体还是符合要求的。

领导看到了小李的工作结果之后，表示非常惊讶，他本来是想试一试小李的能力，没想到他真的将这项工作完成了，还完成得很不错。领导表扬了小李和他的团队，并且开始将一些难度大的任务交给小李的团队来做。

小李每次都拼尽全力将工作做好，也会想尽办法帮助团队成员解决一些他们解决不了的难题。不知不觉中，小李的工作能力得到了很大提升，而他的团队也变得更强了。这时，领导又找到小李，要给他升职，让他去一个更重要的岗位上工作。因为通过这段时间的观察，领导认可了小李的责任心，同时看到了他的能力在不断成长，认为他可以胜任了。

通过付出，小李不仅让团队更优秀了，自己还变得更强大了。有些付出看似没有直接的金钱回报，但只要是付出，就不会真的没有回报。有些回报是看不见、摸不着的，但它比金钱更有价值。

没有一种付出是多余的，付出是一种智慧，作为中层管理者，我们应该有这样的智慧。付出才会有回报，才会有成长。如果付出了却没得到明显的回报，那可能是付出得还不够多，当积累到一定程度时，自然就会收到应有的回报了。

在一家公司里，往往有这样的情况：同为部门主管，干着一样的工作，有的人能很快地得到晋升，而有的人却一直停滞不前。仔细观察，我们就会发现，那些得到晋升机会的人付出的总是比别人多，而正是多出来的这些付出，让他们被上司欣赏、肯定、提拔，为他们自己带来了晋升的机会。

学习让你变得更加强大

我们常说"活到老，学到老"，学习的重要性几乎每个人都知道。我们从小就在老师和家长的监督下学习，一直学到大学毕业，有的人甚至学到硕士毕业、博士毕业，对学习一点都不陌生。可是，步入社会之后，有很多人就忘记了学习，把学习抛之脑后。

不要以工作太忙为借口不去学习，也不要觉得学习是在学校里才能做的事。我们在任何时候、任何年龄，都应该保持学习。一个不断学习的人，才是能够一直变强的人，才是向上没有止境的人。

如果我们只是当一个中层管理者就心满意足了，那可以不去学习，就混日子。但如果你是有志气的人，就不应该让自己止步不前。我们要学的东西还有很多，我们的成长空间还很大。一方面，在管理上，我们能够学习更多的管理知识，将团队管理得更好；另一方面，我们可以学习更多专业的知识，让自己的才能配得上更高的职位，那样，我们自然就会有更多晋升的机会。

有一位教授在给学生上课时，在黑板上写下"中学到大学都没有的知识"。当学生们有点摸不着头脑时，教授又在前面加上了一个"从"字，句子变成了"从中学到大学都没有的知识"。这句话可以读成两种意思，一种就是知识，是在中学和大学都没有的知识；另一种就是从某件事当中学到在大学都没有的知识，即"从中，学到，大学都没有的知识"。

教授用这个好玩的句子告诉学生们一件事，就是无论是哪种意思，里面都会有"大学都没有的知识"这个概念。也就是说，大学的知识是有限的，很多知识在大学里是没有的，也是我们今后应该去学习的。

不要以为出了大学校门以后，我们就不用再学习了，正相反，我们的学习之路才刚刚开始。社会是一所更大的学校，工作也是我们一生应该去学习和攀越的高峰。我们要学习的东西太多，根本学不完。我们要在有限的生命当中去尽可能多地学习知识，不求一切尽知，但至少将我们工作方面的事情学得更加专业。

在工作当中，我们有一个在学校里没有的优势，那就是我们可以一边学习一边实践。通过实践，我们不但可以及时检验所学到的知识，而且可以让自己的记忆更加深刻，真正将知识融会贯通，变成自己的知识。

在移动互联网时代，新鲜的事物、新鲜的观念不断涌现，我们要跟上时代的潮流，就不能不学习。作为中层管理者，我们要比普通员工更加敏锐，对时事的变化要有更强的感知度。

古人说"敏而好学，不耻下问。"作为管理者，我们有时候可能会碍于面子，不愿意向自己的员工请教问题。其实这种事情大可不必在意，谁能力强就请教谁，这不但不会让我们丢面子，而且会让员工觉得我们没有架子，可以和他们相处得更加融洽。如果没有那样做过，第一次或许会有一点儿小小的尴尬，但只要多来几次，就不会再感到尴尬了。

作为中层管理者，我们的知识面要宽一点，这样才能在一些比较复杂的情况下做出正确的判断。我们不可以只懂专业方面的知识，对于和我们专业相关的事情，我们也要去了解一下，不必特别精通，但至少应该了解到足以应付工作需求。我们的知识面越宽，我们未来发展的空间就更大，甚至连跨界发展都是有可能的。

只要有学习的机会，我们就不应该错过。有些公司会组织员工进行集体学习，这是非常好的机会，我们不但可以学到知识，而且可以拉近和员工之间的关系，让大家变得更亲密。在平时的工作当中，我们可能会很忙，空闲时间比较少。只要有时间，我们就可以用手机浏览一下新闻，或者随身携带一本书，有时间就翻开看一下。我们要时刻让自己处在一种学习的状态中，不被外界的声音干扰，专注学习。长期处在知识的浸润之下，我们自然而然就会变得更加优秀。

现在，外界环境对我们的影响很大，网络上各种各样的搞笑段子让人一看就停不下来，生活中处处是娱乐项目，让人乐此不疲。偶尔的放松当然是可以的，但它很容易让人上瘾，不知不觉中手机就玩了一个小时，不知不觉中就在娱乐场所玩了一整天。时间是宝贵的，我们不可以在娱乐上花费太多时间，只有把时间更多地留给学习，我们才能变得更加强大。

有时刻保持学习的心态，也知道抓紧任何有可能的时间和机会学习，我们就会比别人更优秀，也就能不断超越以前的自己，让自己变得更好。

自我反省，自我改进

每个人都不是完美的人，都需要不断改进自己，将缺点改正，将优点发扬，只有这样才能进步。这说起来简单，但做起来非常难。就像我们说每天进步一点点，但真能做到每天进步一点点的人太少了，能做到的都可以算是特别优秀的人。自我反省和自我改进比每天进步一点点更难，因为这意味着我们要经常否定自己，否定以前自己的想法、做法，建立新的想法，寻找新的做法。

摧毁旧的自己，建立新的自己，这需要很大的勇气和决心，也需要更大的力气。一般情况下，我们之所以喜欢遵循旧的想法和做法，是因为这样不但省力而且省心，我们不必过多思考。推翻旧的思想观念，建立新的思想观念，不但很难，而且很费脑筋、消耗精力，令人感到痛苦。成长的阵痛不是每个人都能忍受的，有不少人宁愿错下去，也不愿意去改变。

之前，小米公司的发展并不是一帆风顺，也有过两年销量比较低迷的阶段，但小米公司最终能够摆脱困境，重新迎来销量上涨，原因就在于它能够不断地自我反省、自我改进。不仅雷军特别能够自我改进，它的联合创始人、它的管理层也都能够做到。

在小米连续两年增长放缓时，它的联合创始人去了一趟美国，然后从美国那边学到一些经验。首先，美国人比较注重商品的实用性。在那里，我们经常可以看到一些老房子，虽然它比较破旧，但进去之后，你会发现里面的功能性的东西是可以正常使用的。这就像任何公司的产品一样，应该首先追求基础功能过硬，然后在这个基础上叠加其他功能。

其次，美国人比较尊重创新。小米平时注重对产品的改良，即将已

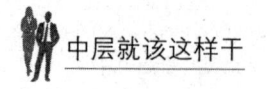

有的产品做得更好，对从无到有的创新做得没那么好，所以要加大创新的力度，在创新方面做得更好。

最后，美国人比较重视商业化。对于商业而言，完全追求利润最大化是不理智的，当让出一部分利润时，可以做得更加长久，更有持续性。如果利润有10元，那么只赚8元，留出一部分余地，就可以更持久，一步一步做大做强。

小米反思了自己，并找到了一些做得不够好的地方，然后不断改正。它一开始线下渠道做得不够好，主要是靠网络销售，后来意识到门店的重要性，就迅速在全国各地开了很多"小米之家"，在销售产品的同时，也让售后服务变得更加方便。此外，小米还加强了人才的培养；加大了对创新和技术发展的投入力度；对机会看得更重，不错过任何一个发展的机会。

这些年，小米就是一边发展一边反省，不断进行自我改进，虽然发展的路上并非一帆风顺，却越做越大，逐渐成为国产手机品牌中的翘楚。

小米公司上至雷军和联合创始人，下至管理层和普通员工，都有自我反省、自我改进的意识。正是这样的意识，让它能够渡过一个又一个难关，不断成长，变得越来越强大。

作为中层管理者，我们虽然不能直接影响整个公司，但是我们要让自己变得越来越强，要让自己所带领的团队变得越来越优秀。我们要不断地自我反省，不断地自我改进。成长注定会经历一些痛苦，会让人面临一些比较艰难的选择，这是成长的代价，也是我们要勇敢面对的。

自我反省是中层管理者需要特别注意的，它不但能使我们变得更强，而且能让我们变得更有眼光，能够透过表面看到更为本质的东西。例如，在危机之中，自我反省能让我们看到成功的希望。通过反思问题的根源，我们可以找到解决问题的方法，成功化解危机。在成功之中，自我反省能让我们看到危机，通过反思自己的表现和决策，我们可以找到自己做得不够好的地方，从而有针对性地改进和提高，使自己变得更加强大。

任正非说："华为的危机、下滑甚至破产就要到来。尽管我们现在处于春天，但离冬天并不遥远。不要忘记，泰坦尼克号就是在一片欢呼声中起航的。"反省并非是在犯错误时才应去做的事情，当成功时更需要用反省来警醒自己。如果只知道沉浸在成功中而看不到自己的不足，这对我们是十分不利的，容易在未来遭遇失败。

市场在不断变化，旧的思想被新的思想替代，旧的潮流被新的潮流替代。我们不能止步不前，要不断进行自我反省和自我改进，在变强的同时，跟上时代的步伐，做一个与时俱进的优秀中层管理者。

向上跨越前所未有的高度，不断变强

孔子的弟子对孔子说不想学了，想要休息，孔子回答说生无所息。的确，追求卓越的人不会停止学习，也不会停止进步。人的变强是没有止境的，我们应该不断向上，去跨越前所未有的高度，从而变得更强。

中层管理者需要具备的知识有很多，需要的能力也很强，与普通员工相比，更要严格要求自己。我们首先要有足够的能力把自己的工作做好，把自己的团队带好。做好这些之后，还要继续进步，学习更多的专业知识和管理知识，为自己的晋升打好基础。晋升之后，还要继续变强，把工作做好，继续晋升。

只要我们不甘于平庸，我们就应该不停前进，不要懈怠。轻松是留给没有上进心的人的，我们要让自己有压力，负重前行，不断突破自己。

在变强的过程中，我们往往会遇到一些问题，其中最为重要的一个问题是我们的心态。我们首先应该有不断变强的信念，然后我们还要有不惧一切困难的勇气。

变强是突破了自我，这条路上往往会遇到很多困难。这些困难一方面可能会让我们觉得跨不过去；另一方面会让我们遭受挫折，使我们失去信心，甚至心灰意冷。如果我们没有强大的内心，缺乏战胜困难的勇气，我们也许会就此止步了。很多优秀的人之所以能够走到比别人更高的地方，不是因为他们的头脑有多么聪明，而是因为他们的内心十分强大，面对困难和挫折能够百折不挠，能够在缓一缓之后继续前行。

德摩斯梯尼是古雅典著名的雄辩家，他的演说气势澎湃，说服力非常强。然而，他并不是天生的演讲家。

德摩斯梯尼天生口吃，而且嗓音很微弱，这使他在做演讲时有先天的劣势。当时的雅典，对于演讲的要求很高，因为人人都很在意演讲，在台上演说时，即便是一个动作、一个词语出了问题，台下的听众都会嘲笑。德摩斯梯尼除了口吃和嗓音的问题，还有耸肩的坏习惯，这几乎是没办法做好演讲的。他在演说的时候，经常被台下的人起哄轰下去，这对他的打击很大。

但是，德摩斯梯尼是一个内心非常强大的人，他并没有被困难吓倒，也没有因为人们的嘲笑而心灰意冷。他开始刻苦学习和练习。为了让自己的肚子里更有墨水，在台上能够讲出更深刻的话，他读了很多书。他把小石子含在嘴里，在海边迎着猛烈的海风对着大海讲话，只为了让自己的发音更加准确。演讲家不能气短，为了让自己的气更悠长，他去陡峭的山路上攀登，一边攀登一边吟诗。为了改掉耸肩的毛病，他在自己的左右肩膀上悬挂一柄剑。为了让自己安心练习，他甚至把自己剃成了阴阳头。他还在家里装上一面大镜子，每天对着镜子做演讲。

经过长达数年的练习，德摩斯梯尼弥补了自己先天的不足，不断突破极限，变得越来越强。后来他成了著名的雄辩家，用震撼人心的演讲感染了无数听众。人们也被他坚持不懈的努力所感动，对他十分敬重。

我们要让自己变强，但变强的道路上一般没有一帆风顺的。我们也希望自己能够具有先天优势，但真正有先天优势的人并不多。但那又怎么样呢？只要我们有足够强大的信念，我们就可以让自己不断变强，像德摩斯梯尼那样跨越自己的障碍，取得辉煌的成就。

没有谁生来就很强大，我们都需要后天的努力，让自己变得更强。当我们遇到困难时，当我们觉得眼前的障碍无法跨越时，我们要告诉自己别怕，只要不被它吓倒，我们就有办法战胜它。当我们成长之后，回首之前的路，就会发现我们以前觉得不可能跨越的那些障碍，其实都不过如此。

人外有人，山外有山。我们不要停下脚步，也不要被困难吓倒，就是按部就班，一步一个脚印往前走，即便很慢也没有关系，我们只要不回头、不停步，就能够到达更高的地方。

作为中层管理者，我们不能自满，不要觉得自己这样就已经可以了。我们要不停地向上攀登，登上前所未有的高度，一览众山小。